用文字照亮每个人的精神夜空

微信 | 微博 | 豆瓣　领读文化

早稻田MBA系列

提高你的业务能力

就是这样的MBA初阶书

〔日〕早稻田大学商学院
〔日〕杉浦正和 〔日〕根来龙之 等著
米彦军 朱婷婷 译

天津出版传媒集团

天津人民出版社

图书在版编目(CIP)数据

提高你的业务能力：就是这样的 MBA 初阶书 /（日）杉浦正和等著；米彦军，朱婷婷译. — 天津：天津人民出版社，2023.9
　（早稻田 MBA 系列）
　ISBN 978-7-201-19550-6

Ⅰ.①提… Ⅱ.①杉…②米…③朱… Ⅲ.①工商行政管理 Ⅳ.① F203.9

中国国家版本馆 CIP 数据核字（2023）第 117752 号

BUSINESSMAN NO KISOCHISHIKI TOSHITENO MBA NYUMON
Written by WASEDA BUSINESS SCHOOL,Kazunari UCHIDA,Isao ENDO,
Masataka OTA, Reiji OHTAKI,Tatsuya KIMURA,Masakazu SUGIURA,
Shigeru NISHIYAMA,Tatsuyuki NEGORO,Hideo HOHGI,Takeshi MORIGUCHI,
Hideo YAMADA.
Copyright © 2012 by WASEDA BUSINESS SCHOOL,Kazunari UCHIDA,Isao ENDO,
Masataka OTA, Reiji OHTAKI,Tatsuya KIMURA,Masakazu SUGIURA,
Shigeru NISHIYAMA,Tatsuyuki NEGORO,Hideo HOHGI,Takeshi MORIGUCHI,
Hideo YAMADA.
All rights reserved.
Originally published in Japan by Nikkei Business Publications, Inc.
Simplified Chinese translation rights arranged with Nikkei Business Publications, Inc.through CREEK & RIVER Co., Ltd.
图字：02-2022-191 号

提高你的业务能力：就是这样的 MBA 初阶书
TIGAO NI DE YEWU NENGLI JIUSHI ZHEYANG DE MBA CHUJIESHU

出　　版	天津人民出版社
出 版 人	刘　庆
地　　址	天津市和平区西康路 35 号康岳大厦
邮政编码	300051
邮购电话	（022）23332469
电子信箱	reader@tjrmcbs.com

责任编辑	李　荣
装帧设计	欧阳颖

印　　刷	北京金特印刷有限责任公司
经　　销	新华书店
开　　本	880 毫米 ×1230 毫米　1/32
印　　张	8.75
字　　数	208 千字
版次印次	2023 年 9 月第 1 版　2023 年 9 月第 1 次印刷
定　　价	65.00 元

版权所有　侵权必究
图书如出现印装质量问题，请致电联系调换（022-23332469）

序言

本书汇总了早稻田大学商学院主要课程的精华内容，是面向希望系统学习商务原理和原则的读者的入门书。

在前半部分PART1"战略思维的基础"中，将为大家讲解制定商务计划应该预先掌握的知识点。在PART2"管理学的基础"中，将为大家讲解将商务计划付诸实施的方法。之所以选择这样的结构安排，是为了让大家能够将思考和实践完美地结合到一起。

早稻田大学商学院（WBS）以"理论与实践相结合"为基础，力求让学生掌握对商务实践有用的知识。早稻田大学培养人才的宗旨是"让学生掌握在世界任何地方都通用的知识、技能，自己开拓自己的职业生涯"。

一方面，要想提高自己的商务能力，在企业的实际工作经验必不可少。WBS也欢迎在企业中积累了一定商务经验的人前来入学（原则上必须要有三年以上的商务经验）。事实上，参加WBS夜校课程的人几乎都是一边在公司上班一边来这里学习的。

然而也有仅凭实务经验学不到的知识。因为经验常常是有局限性的：公司有局限性，业务也有局限性，岗位也有局限性。所以，经验也有局限性。经验固然重要,但限定的经验在离开限定的公司之后就会失去用武之地。具有普适性的管理知识不可能无师自通,只有通过主动学习才能掌握。要想成为不管走到哪里都能胜任的管理人才,仅仅在一家公司里积累经验是远远不够的。

不论在任何企业和国家,"理论"都是通用的。通过学习理论,可以使我们能够理解超出自己经验的商业活动。这就像如果理解了物理学相关理论,就可以预测遥远星体的运动规律一样。虽然社会科学与自然科学有诸多不同之处,但在通过"理论"这副"眼镜"可以极大地拓宽认识现实的视野这一点上是相同的。

另一方面,"理论"必须和"实践"相结合,否则就会成为抽象空洞的理论。"实践",指的是为特定的企业或国家提出切实可行的具体对策。在工作现场需要的是具有现实意义的具体的解决方案。比如想移居到遥远的星球,必须在预测星球运行规律的基础上,制定切实的着陆计划,并且真正着陆。通过实践激发新的潜力和可能性。

理论和实践相辅相成,二者缺一不可。只有将理论与实践相结合,才可以说是掌握了实际有用的商务能力。

这里所说的"有用",指的是商务人士能够为日常工作中碰到的难题找出"答案"。不仅要理解答案本身,还要理解答案是如何得出的,理解得出答案的条件,以及如何为得出答案创造条件。对于像经营学这样的社会科学来说,必须要先说明"发生了什么",以及"为什么会发生",然后在此基础上给出"应该怎么做"的解决办法,只有这样才能被称为"有用"。这也是商学院的存在价值。

早稻田大学商学院提供给顾客(在这里是指学生)的价值不仅限于 MBA 的学位和作为研究者的学术训练,还有能够作为"工作通用语"的知识。帮助顾客（学生）提高战略思维能力、解读状况的分析能力、领导组织的管理能力，是商学院的职责所在。

在经营学上有一个普遍的观点认为"立刻起作用的东西很快就会不起作用"，但笔者认为这个观点是不正确的。真正有用的知识不但会立竿见影，而且会一直发挥作用，在任何地方都能发挥作用。

更进一步说，回应学生对商业活动的好奇心，培养学生作为商务人士的自信，是我们的职责。通过反复的实践对理论推导出的答案进行验证，需要顽强的意志。对于想在商海有所作为，想为社会做出贡献的人，我们将竭尽所能地为他们提供帮助。

本书就是我们为这些胸怀大志的人做出的回应。

本书也可以说是为商务人士提供的关于"工作通用语"基础知识的归纳与总结。

在就业形势越来越不稳定，全球化趋势日益加剧的当今时代，通过在商学院进修掌握核心技能显得更加重要。要想在全球化的商战中获胜，必须大幅度提高自己的战略判断能力和执行能力。

即便是为了和不同国家的人在一起工作，商学院的知识也是不可或缺的。对于日本企业来说，亚洲是最重要的市场。亚洲各国的商业精英们也正通过商学院学习商务知识。在商学院学到的"语言"会成为他们在一起工作时的"通用语"。

WBS从2011年夏天开始，举办了为期半年的慈善讲座"MBA精品课程"。本书就是以这次的讲座内容为核心，以WBS教授们的演讲为基础编写而成的。虽然本书的出发点是最基础的框架和理论，但是里面也包含着各位教授独到的见解以及最新的案例研究。通过本书可以发现WBS所提供的理论知识与最新的成功案例高度吻合。

换句话说，只要掌握了商学院的基础知识，就相当于拥有了强化商业活动、创造商机、实行变革的原动力。此外，其还可以进一步拓宽自己的职业发展规划。

笔者从文学系毕业后，进入一家钢铁公司的工厂生产管理部门工作。入职后我先后学习了工程管理以及钢铁技术的基础知识，为了搞懂工厂的业绩管理资料还开始学习管理会计。即便如此，笔者还是认为自己没有完全理解这些知识。当时，笔者没有读过市场营销和经营战略的相关书籍，甚至不知道经营学究竟是什么学问。

于是笔者为了学习作为商务人士不可或缺的基础知识，决定去商学院深造，结果这成为笔者人生的一个转机。在商学院学习对于我来说非常新鲜，我学习得非常努力。在商务理论上有了自信之后，我再次回到商业活动的现场。这次，笔者被安排到公司总部的企划部门，很幸运地能够将自己所学到的理论充分地利用起来。之后，笔者几经周折走上了大学教师的道路，大脑里经常思考的也是理论与实践的关系。

如果读者朋友在阅读本书之后，能够提高自己的能力，使自己的商业活动得到进化，进而在商业活动上真正做到"理论与实践的结合"，那将是我最大的荣幸。

早稻田大学商学院院长 根来龙之

目录

PART I 战略思维的基础

第一章　战略决策的三个基本条件　　　　　　　山田英夫　003
第一节　成功案例带给我们的启示　　　　　　　　　　　　004
第二节　以事实为基础——战略决策的必要条件①　　　　　012
第三节　抓住重点——战略决策的必要条件②　　　　　　　016
第四节　整体最优——战略决策的必要条件③　　　　　　　021

第二章　不同行业间的竞争
　　　　　——和不同规则的对手战斗　　　　　　　内田和成　029
第一节　制定克服"行业噩梦"的经营战略　　　　　　　　030
第二节　创造商业模式　　　　　　　　　　　　　　　　　037

第三章　市场营销——关注本质的需求　　　　　　守口刚　047
第一节　市场营销在企业经营中的作用　　　　　　　　　　048
第二节　定位——花王"Essential"的品牌重组　　　　　　059

第四章	战略的整合性		
	——JAPANET TAKATA 的 3C 和 4P	内田和成	071

第五章	维持竞争优势	根来龙之	095

PART II 管理学的基础

第六章	运营——实现战略的组织能力	远藤功	117
	第一节 运营产生价值		118
	第二节 提高现场能力		124
	第三节 通过"可视化"来强化现场		131

第七章	个人和组织		
	——韦尔奇的两句话哪个是正确的	杉浦正和	139
	第一节 战略性配置有限的重要的资源		140
	第二节 课堂讨论——"组织优先"还是"人才优先"		147

第八章	内部营销——首先在公司内部创造顾客	木村达也	157

第九章	领导能力——开拓未来的能力	大泷令嗣	171

第十章	全球化管理		
	——从"进入世界市场"到"向世界学习"	太田正孝	187

第十一章	会计与金融——解读经营数字	西山茂	205
	第一节 财务会计、管理会计和金融的目的		206

第二节　财务会计——分析决算书　　　　　　207
第三节　财务会计问答　　　　　　　　　　　216
第四节　金融——为投资者准备的理论　　　　222
第五节　管理会计——决策和业绩评价　　　　230

第十二章　经营者的作用——必要条件和充分条件　法木秀雄　235

致谢　　　　　　　　　　　　　　　　　　　　261
作者简介　　　　　　　　　　　　　　　　　　263

PART I
战略思维的基础

第一章

战略决策的
三个基本条件

山田英夫

第一节　成功案例带给我们的启示

市场在这里吗？

在开始讲战略思考的必要条件之前，让我们先来看几个成功企业的案例。

即便看到的是同一个事实，因对这一事实做出的解释不同，所采取的战略有时候会完全相反。大概很多读者都听说过下面这则非常有名的故事。

从前，有 A 君和 B 君两个卖鞋的人来到非洲。看到非洲人都不穿鞋之后，两个人产生了不同的想法。

A 君："在这里鞋肯定卖不出去。"

B 君："在这里卖鞋，市场前景广阔。"

由于思维方式不同，产生出了两个截然不同的假设，因此他们采取的战略也截然不同。

日本有一家叫 Starmica 的不动产公司，就在别人都认为"商品卖不出去"的市场中建立了"市场前景广阔"的假设，从而开辟出全新的市场。

Starmica 公司将业务重点放在收购有租客居住的公寓上，这种房屋买卖交易在日本的不动产行业被称作"owner change"（亦即"房屋易主"），不怎么受业内欢迎。因为住着人的房屋比空房子的卖价要便宜25% 左右，而且客户购买有人居住的公寓时不能办理按揭贷款，会受到各种各样的限制，所以买家非常少。

Starmica 公司却有不同的想法。如果租客不再续租，房子的价格就会和空房子一样。也就是说，只要将租客居住的这段时间挺过去，就能确实地获得25% 的利润。这笔买卖空房子的生意更有利可图。因此 Starmica 公司专门收购有租客的公寓。

Starmica 公司在每栋公寓中仅买其中的一套，尽量分散购买。像东京山手线内侧价格昂贵的公寓则压根儿不买，只瞄准价位在3000万日元左右的公寓。因为这类公寓适合家庭居住，流动性很强。

Starmica 公司不断收购这类房产，结果如何呢？虽然 Starmica 公司也无法预测"租这个公寓的房客几年后退房"，但由于 Starmica 公司囤积了大量类似的公寓，根据"大数定律"总结出租客平均3年左右就会退房的结论，因此公司能够估算出获得25% 利润的时期。而且在房屋住着人的时候还可以收取房租，即便租客不退房，公司也有收入。

图表1-1　如何理解事实?

- 著名案例：非洲人光脚不穿鞋
  A 君："鞋肯定卖不出去。"
  B 君："这里市场前景广阔。"

- 房屋易主的公寓不好卖
  A 公司：只能打折销售，无法获利。
  B 公司：租客离开后就能确实获取利润
  →和套利交易一样！

Starmica公司的创始人曾经在高盛工作过一段时间。他在一个偶然的机会，发现同样的房子住不住人差价居然那么大，于是就将金融行业的套利交易手法应用在不动产行业来获取利润。然而，不动产行业的人虽然也看到了这个事实，却没有从中发现商机。类似的案例不胜枚举。

顾客想要什么？

　　"电钻厂家卖的不是电钻，而是孔。"
　　这句话完美地道出了市场营销的本质。与其卖产品，不如搞清楚客户想要什么。要想在商业上取得成功，这种思路至关重要。
　　总部位于列支敦士登的喜利得集团就遵照上述格言取得了成功。喜利得集团最早以销售电动工具为主，客户大多是中小企业，但这些企业买了工具后难以妥善维修保养，还常常将用过的工具随手一扔。因此，当前往下一个施工现场时，经常出现工具故障或者缺少必要零件的情况。由于中小企业客户想要价格低廉的工具，于是所有的电动工具厂家竞相降价，陷入恶性竞争。
　　在这种情况下，喜利得集团改变了经营模式，宣布"我们不再销售电动工具"，将销售转变为租赁。喜利得集团只要接到客户的请求，就会将一套完好的电动工具送到客户那里。也就是说，喜利得集团把"能够使用一套完好电动工具的状态"卖给了客户。这就是喜利得集团新采用的经营模式。
　　这样一来，客户随时都能用到没有故障的电动工具。考虑到维护保养电动工具要花费的时间和金钱，在需要的时候打个电话或者通过网络租赁工具的做法显然成本更低。喜利得集团凭借这一经营模式取得了成功，如今已经将这种租赁业务推广到了全世界。

建筑机械生产企业小松，也通过"销售建筑机械能够正常使用的状态"获得了成功。小松开发出的 KOMTRAX 系统，能够通过在液压挖掘机和翻斗车上安装的 GPS，实时掌握机械所在的位置和工作状态，使公司的利润率得到了提升。

由于机械设备经常被盗，小松才决定在机械上安装 GPS，由公司总部对所有的建筑机械进行监控。比如半夜三更的时候，建筑机械以40千米以上的时速移动，就可以判断建筑机械肯定是被装上车辆拉走了。这时，公司总部会立刻根据 GPS 的定位信息进行追踪，同时派人先一步赶到港口拦截建筑机械。因此，小松的建筑机械的保险费用比其他生产企业的建筑机械低得多。

后来，公司总部不但能够把握建筑机械的位置，还可以通过搭载的传感器得知机械的实时工作情况。这一点非常重要。因为这样一来，总部就可以预先知道哪个零件已经严重磨损，然后在机械可能出现故障的前一天赶到客户那里告诉他"明天机械就会出故障，我们建议现在就更换零件"。这样一来客户就会答应更换零件。尤其是对于中国和印度等工程建设项目很多的国家来说，如果建筑机械出了故障会严重影响工程进度，必须提早更换零部件。

如果等设备出现故障之后才更换零件，客户可能会自己去购买便宜的零件更换；但如果在出现故障之前直接赶到现场对客户说"明天设备会出故障"，就可以让客户购买原厂零件。近年来小松的利润率之所以连续增长，就是因为采用了这种预防性维护，促使客户购买原厂零件。

满足顾客的经济合理性吗？

从战略的角度来说，认真思考客户的经济合理性也非常重要。如果提供的是不符合其成本结构的产品，得到客户订单的可能性非常低。

向地铁公司推销荧光灯时的关键成功因素（KFS：key factor for success）是什么？对地铁公司来说，如果有永远用不坏的荧光灯肯定是最理想的，但荧光灯终有一天会坏掉。而且如果荧光灯永远用不坏的话，荧光灯厂家的产品就卖不出去，这个行业也不会持续存在下去。

实际上，地铁公司要更换荧光灯非常麻烦。必须得在末班车结束后才能更换。对地铁公司来说，最理性的状态是荧光灯的寿命一起终结，同时坏掉。如果只有少数荧光灯提前坏掉，地铁公司每次更换都要花费时间和人手。所以，考虑到对地铁公司的经济合理性，能够同步坏掉的荧光灯是最经济的。安装在高层大楼楼顶上的照明灯也是同样的道理。

这就是客户的经济合理性。对客户来说，不光要计算单件产品的成本，还要计算与之相关的综合成本。产品是否容易安装，是否容易更换，在考虑这些因素的基础上向客户进行推销至关重要。

在考虑客户的经济合理性时，还有一个重要环节就是要考虑客户"钱包的大小"。Recruit之所以成长得如此迅速，就是因为其并不向客户收取调查费用，而是通过收取广告费用来获取利润。广告费的利润是调查费的100倍。"从大口袋中取钱"的战略很值得称道。

将"取舍"变为"双赢"

很多人认为服务和利润之间是"取舍"的关系。因为要想提高服务必然会增加成本,这会导致利润减少。但真正优秀的战略,可以将"取舍"变为"双赢"。

Yamato 运输就通过导入"指定时间配送"成功地实现了这一战略。具体来说,就是客户可以指定在哪一天的什么时候将货物送到。

乍看起来,如果客户提出过分的要求,似乎会导致运营成本上升,但 Yamato 虽然提供了"指定时间配送"的服务,却没有另外收取费用。客户能够自己决定送货的时间又不用另外缴纳费用,对服务的满意度当然更高。

那么,对 Yamato 来说,提供"指定时间配送"的服务之后发生了哪些变化呢?

实际上,导致快递成本上升的主要原因就是"收货人不在"。一旦收货人不在,快递员就要二次上门配送,导致成本翻倍。如果只送一次就能确定送达,对 Yamato 来说是最好的结果。

而让客户指定送货的时间,对 Yamato 来说就意味着减少了客户不在的可能性,从而能够降低成本、提升利润。

客户在快递单的指定送货时间一栏中画圈时,大概没人会想到自己这样做是为了增加 Yamato 的利润吧。但实际上,当客户在快递单上画圈时,不仅对客户自己有利,同时也让 Yamato 增加了利润,所以 Yamato 才免费提供这项服务。从经济合理性的角度考虑,因为不指定配送时间出现客户不在的风险很高,Yamato 可以提高运费。但 Yamato 并没有这样做。

因此，Yamato 通过让客户指定配送时间，将服务和利润的"取舍"转变为"双赢"。一直以来，日本商界都坚持"服务第一，利润第二"的思考方式。但现在客户和企业之间形成了"双赢"的关系。因为"指定时间配送"无法申请专利，所以现在其他快递公司也纷纷模仿，为客户提供相同的服务。如果物流行业也有诺贝尔奖的话，Yamato 也可以获奖。

能否应对微笑曲线

下图被称作微笑曲线。通过这个图可以看出，仅凭组装产品难以盈利，能够盈利的环节是位于上游的零件和位于下游的售后服务。因此，位于曲线底部的企业，需要从上游和下游获取利润。

图表1-2 微笑曲线

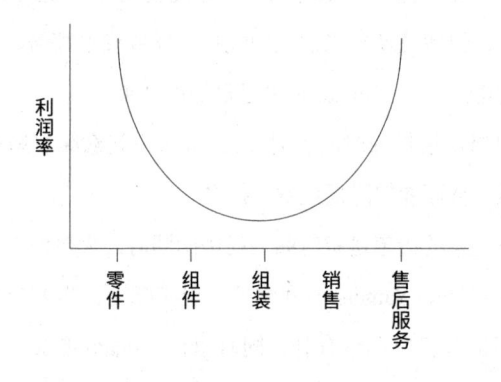

其中一种思维方式就是"服务主导逻辑"。按照这个逻辑,企业并非在销售产品,而是通过产品销售服务。这种思维方式并非要求生产企业转为服务业,生产企业仍然销售产品,但需要一起销售客户使用该产品的"状态"。

再来看一个通俗易懂的例子。最近日本兴起了跑步热,绕皇宫跑一周的人不断增加。于是皇宫周边出现了很多为跑步者提供更衣和沐浴服务的设施"runner station"。运动服装生产企业亚瑟士(Asics)也在银座修建了"runner station"。热爱跑步的人可以在"runner station"中租赁跑步鞋,有中意的还可以直接买下来。据说"runner station"里卖的跑步鞋没有任何折扣,都是原价销售。

虽然亚瑟士并没有转行做服务业,但通过为客户提供"跑步的环境",促进了跑步鞋和跑步服的销售。而且因为能够以定价出售,利润率也相应得到了提高。

以前也有过类似的案例,雅马哈的音乐培训班就是其中的代表。参加音乐培训班的孩子们提升级别之后,就会购买雅马哈的电子琴和钢琴。

接下来,笔者将分别为大家介绍"战略"决策的三个必要条件。

第二节　以事实为基础
——战略决策的必要条件①

是否主观武断

将突然想到的灵感制定为战略,或者根据过去的经验做出判断,有很大的概率出现失败。战略的关键在于以事实为基础,必须摆脱固定观念的束缚,这一点非常重要。

曾经某银行认为在银行开户的存款者会给银行带来利润,于是给刚入职的员工设定了"增加开户数量"的任务目标。

但这家银行对分行的实际情况进行调查后发现,分行所获得的利润和开户数量之间没有任何关系。能够给银行带来利润的客户数量很少,不到整体的十分之一。接着银行对能够带来利润的客户进行了调查,发现这些客户都是在该银行办理购房贷款的人,通过住房贷款和银行保持着长期且稳定的关系。

虽然这个事实只要稍加调查就会发现,但在调查之前,银行完全不知道。在了解这一事实之后,银行立刻停止了"增加开户数量"的要求,转而让员工们去"增加贷款数量"。公司的战略和利润终于被联系到了一起。

这家银行发生的事情也同样出现在很多公司之中。公司认为"应该会赚钱"的项目实际上没利润,而认为"不赚钱"的项目反而利润丰厚。这些实际情况,如果不进行调查是不会明白的。把握事实是制定战略的第一步。

是否进行了调查

为了把握事实,调查必不可少。通过调查,可以找出应该采取的措施。

通过调查发挥功能的最佳示例就是 CS(顾客满意度)。经营的流行语变换很快,每年都有新的流行语出现和消失,唯独 CS,自从 1992 年引进日本之后一直留存到今天。这一切都要归功于"调查"。

有数据表明,获得新客户花费的成本是维护老客户的五倍。也就是说,要想提高公司的利润,增加回头客才是上策。如今,对自己现在开着的汽车不满意的人,换车时考虑购买其他品牌的概率很高。而对现在开着的汽车满意的人则会继续购买原品牌,这就意味着公司获得顾客的成本降低,利润就会增加。

因此,CS 又被称为"能够预测将来利润的指标"。如果 CS 开始下降,就意味着来年公司会陷入危机之中。与很多流行一时之后就消失的流行语不同,CS 这个词时至今日依然十分常用。

调查的标准是否合适

调查的目的和标准如果不一致的话,就容易闹出笑话。

某美国航空公司因为经常起飞晚点，遭到大量的乘客投诉。于是该公司社长提出了"起飞晚点就扣奖金"和"准点起飞就增加奖金"的大棒加胡萝卜政策。

作为判断航班是否准点起飞的标准，这位社长承诺"只要按照预定时刻关闭舱门，就增加奖金"。

于是从第二天开始，该航空公司所有的飞机都按时关闭了舱门。却没有一架准时起飞。因为机组成员先让顾客登机并关闭舱门之后，才开始给飞机加油以及将行李搬进飞机。所以，这家航空公司的飞机还是没有准点起飞。

这就是没有根据目的选择合适标准的典型案例，很多公司都会出现这样的问题。如果在行动之前没有设定合适的标准，结果就会事倍功半。

是否理解数字背后的含义？

如何解读调查的结果？这也是战略决策的关键之一。

图表1-3显示的是欧洲各国的消费税率和私人交易比率的模拟图。总体上来说，这些数据呈右侧上升排列，说明两者之间的关系成正比。这意味着在消费税高的国家，不必缴纳消费税的私人交易的比率也很高。

图表1-3　根据事实能够建立怎样的假设？

　　纵轴：消费税率
　　横轴：私人交易的比率

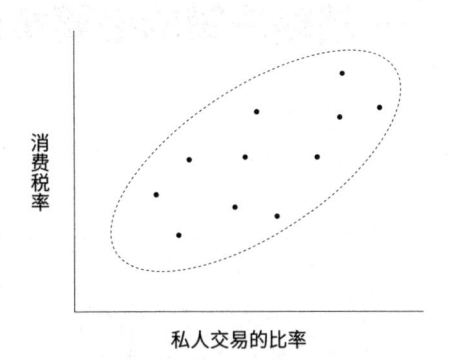

　　接下来让我们根据上述事实，预测一下提高消费税率之后的日本将会出现怎样的情况。看到图1-3后，如果只想到"皮草和宝石等高档商品会卖不出去""收银机需要更新换代，所以收银机制造商能赚钱"等眼前的情况，那这个话题很快就会结束，也没有继续讨论的必要了。因此，在这个时候，是否能够建立起"从结构上来说，这个行业的形势会越来越严峻"以及"这个市场在中长期会有成长潜力"之类的假设至关重要。

　　那么，哪些产业能够得到发展？哪些产业会衰退呢？

　　先来看哪些产业会衰退。在私人之间进行商品中介交易的企业很有可能会被淘汰。因为不想缴纳消费税的人会选择直接进行交易。房屋中介和二手车销售就是比较危险的产业。这两个产业都是私人交易的中介者。

　　反之，能够得到发展的是为私人交易提供平台的产业。比如，拍卖公司，对私人交易进行事前调查的企业，为交易提供担保的保险公司等。

第三节　抓住重点
——战略决策的必要条件②

明确"做什么"和"不做什么"

在经济不景气时,有的公司会提出"全公司一律削减20%成本"的目标。但这并不能称之为战略,因为即便在不景气的时期,公司里也可能存在业绩增长的部门。

如果经营者要求全公司一律做某件事,就相当于没有抓住任何重点。但对经营战略来说,优先顺序非常重要。

在制定战略时经常说"选择与集中"。这也意味着要决定"做什么"和"不做什么"。

比如,在高科技领域,每隔三年,技术环境就会发生很大的变化。投入巨额经营资源的领域有突然过时的风险。因此,有时候决定将经营资源集中在什么领域非常困难。即便如此,只要先决定"不做什么",至少也能避免全面开花,却没有抓住重点的情况。

公司内部应该保留什么功能

对公司的经营者来说，除了要思考"事业领域的选择和集中"之外，还要思考"功能领域的选择和集中"。接下来我们从价值链的角度来思考这个问题。"价值链"是指一项事业从上游到下游的一系列流程。

一般来说，传统的大企业会自己完成全部的价值链。而有的行业情况不同，因为政府的规定，企业必须独立完成全部的价值链，比如，制药公司要全权负责药品的研究开发、生产、销售，还要对药品上市发售后的情况进行调查。不过，近年来政府对制药行业的管制逐渐放缓。因此，有的制药公司开始将研究开发和生产环节委托给其他公司。还有的制药公司委托人才派遣公司派遣营业人员，或者将药品上市发售后的调查工作也外包出去。

在这种情况下，判断"公司内部应该保留什么功能"就变得非常重要。比如在制药公司中，卫材药业将生产全部由自己来做，而安斯泰来则把药品生产业务全部委托给子公司。不同的公司有不同的经营方针，经营资源的分配方式也有所不同。因此不能一味地模仿别人，要根据自身的情况制定适合自己的战略。

现在日本政府规定，在成田机场降落的飞机必须由本国的航空公司进行检修。因此，各国航空公司不能对飞机的检修工作甩手不管。但假设日本政府放松了对这方面的管制，全日空航空公司就能够将各国飞机的检修业务承揽下来。这样一来，全日空的飞机检修部门可能会扭亏为盈。而正在努力重建的日本航空也可能把飞机检修业务的一部分委托给全日空。最终的结果，可能会导致全世界只有三家航空公司能够对飞机进行检修的情况出现。

  由此可见，迄今为止一直亏损的部门有可能突然变为盈利部门。所以，什么业务应该自己做，什么业务应该外包出去，这一点必须由经营者自己来决定。

  在决定公司内部应该保留什么功能时，要判断公司在整个价值链中应该具体做到哪一个环节。比如，零部件生产企业就有"直接销售零件"以及"将零件组装起来之后销售组件"两种选择。

图表1-4 公司内部应该保留什么功能

开工率高
↓
附加价值高
↓
竞争优势的关键

  只销售零部件的好处在于可以提高销量，实现批量生产。有时候甚至连竞争对手也会购买自己的产品，而且产品的周转很快。

图表1-5 在价值链中的位置

◆ 停留在当前环节的好处：
①可以将产品销售给更多的客户（甚至可以销售给竞争对手）
②可以实现批量生产
③产品周转快
◆ 在价值链中向前延伸一个环节的好处：
①可能会提高利润率
②通过将零件制成组件保护公司的知识产权
③接近终端用户
④有可能参与售后服务市场

而销售组件的好处在于可以提高利润率。有些公司会通过销售组件来保护零件的知识产权。而且在价值链中每向前延伸一个环节，就会更接近终端用户，有时候可能会更加接近售后服务市场。

经营者应该在充分考虑各个选项利弊之后做出选择。

确定优先顺序

Yamato 运输在开始宅急便业务时，提出这一营业模式的小仓昌男明确提出"服务第一，利润第二"的要求，并要求员工们彻底遵守。宅急便这一全新的快递业务之所以能够得到支持，离不开小仓提出的这个明确的方针。

为什么小仓要提出"服务第一，利润第二"的方针呢？

假定小仓提出的是"服务和利润都重要"。晚上8点钟的时候，在公司的配货站还剩一个货物。在这种情况下，员工会怎么做呢？

员工 A 认为应该今天把货物给客户送去，然后就开车去送货了。这种做法属于"服务优先"。虽然 CS 会有所提高，但仅为了送一件货物而动用货车，会增加公司的运营成本导致利润下降。员工 B 认为应该明天再送这件货物。虽然 CS 可能会下降，但公司的利润得到了保障。也就是说，服务和利润属于一种矛盾的"取舍"关系。

如果公司经营者提出"服务和利润都重要"的方针，在工作现场的员工就不得不各自做出判断，而员工所做出的判断会因人而异。员工 A 选择为客户送货，员工 B 则选择不送货。这样一来，整个公司就会出现分歧，员工会搞不清楚 Yamato 运输究竟重视的是什么。

小仓为了不使工作现场的员工出现迷茫，才明确提出"服务第一，利润第二"的方针。也就是说,当员工"不知道应该怎么做的时候就先送货"。像这样确定优先顺序之后,就不会出现分歧。

在明确优先顺序的问题上,J&J公司也是个非常典型的案例。一般来讲,美国的公司在决定优先顺序的时候,往往会将股东放在第一位。而J&J作为股东至上主义的美国公司,却将"股东"放在了最后的第四位。排在前三位的分别是"顾客""员工"以及"社会"。

为什么J&J的优先顺序是这样的?因为J&J的主力事业是医药品,所以为身为顾客的"患者"服务理所应当排在第一位。将医药品送到患者手上的员工排在第二位。J&J在全世界60多个国家和地区开展业务,必须努力融入当地社会,因此将"社会"排在第三位。最后,J&J要将剩余的利润给股东分红。J&J将这个优先顺序公布在公司的官方网站上,并将其称为"信条"。

据说最近在J&J的股东大会上,有股东提出"为什么把股东利益排在第四位"的质问,怀疑J&J轻视股东利益。于是J&J的CEO出面进行解释,CEO首先询问了那位股东的年龄。因为J&J的信条制定于1943年。如果是在1943年之后出生的人,CEO会确认一句"您是在了解这一信条的基础上购买本公司股票的吧"。

即便J&J的管理层更新换代,这一信条也没有发生过改变。这一信条像《宪法》一样渗透进公司的每一个角落,J&J公司的经营者经常参照这一信条对公司进行经营和管理。

图表1-6 经营的优先顺序

- Yamato 运输:服务>利润
- J&J: 顾客>员工>社会>股东

第四节　整体最优
——战略决策的必要条件③

如何选择日本国家棒球队的成员

　　参加每年夏季举办的高中棒球比赛的代表队基本上都是以都道府县为单位选拔出来的。各个都道府县棒球大赛的优胜队伍，聚集在甲子园进行比赛。这样就能决出全日本最强的高中棒球队。

　　但如果让无缘甲子园的东京第三名高中棒球队和入选甲子园的岛根县最强的高中棒球队进行比赛的话，结果会怎样呢？这一点很难说。或许东京第三名的高中棒球队更强。或者在县大赛中输给甲子园冠军的高中棒球队，可能比甲子园的亚军实力更强。也就是说，以都道府县为单位决定甲子园参赛权的方法虽然能够确定全日本最强的高中棒球队，却无法排出第二名以下的顺序。

　　同样，在选择参加国际高中棒球大赛的日本国家队成员时，如果让都道府县各出一名最强选手，这样组成的球队也未必是最强的。要想组建出一支最强的国家队，可能需要从某些地区选出许多选手，而另外一些地区可能一个选手也选不上。

　　上述内容揭示了一个战略思维的关键要素，那就是部分最优与整体最优的差异。

夺得甲子园参赛权的高中棒球队,都是集中了各都道府县顶尖选手的"部分最优"。但要想组建出最强的国家队,必须忘记都道府县的限制,在全国范围内选择最优秀的选手,实现"整体最优"。

即便让各部分都达到最佳状态,然后再将各个部分加在一起,也未必能够做到"整体最优"。要达到"整体最优"的状态,必须从整体的角度进行思考,这也是战略决策的必要条件。

控制特别工作组的数量

拘泥于部分最优而无法实现整体最优的情况在企业中十分常见。

比如,在传统的公司中,有很多特别工作组和项目组。有的员工身兼特别工作组和项目组的工作,几乎没有时间在自己的办公桌上处理自己部门的业务。如果公司里都是这样的员工,必然无法正常地发挥组织功能。契合过去环境的组织结构,并不适合开展现在的工作,因此很多公司才成立特别工作组。但与增加特别工作组的数量相比,彻底改变组织的结构,或许才是实现整体最优的最好办法。

是否与外部环境相契合

思考整理战略时,关键在于思考是否与外部环境相契合。公司的经营战略要随着外部环境的变化而变化,"永远完美的战略"是不存在的。如果环境发生了变化,以前被认为是好的东西也会转化为不好的东西。所以经营战略一定要与环境的变化相契合。让我们来看一下美国运通公司的案例。

美国运通曾经走的是高档品牌的战略路线，向用户收取高额的年费，向加盟店收取高额的手续费，以高成本进行运营。在日本的商务卡市场处于发展期时，美国运通的这一运营模式是可以接受的。但随着日本的泡沫经济崩溃，使用商务卡的客户不愿再支付高额的年会费。对加盟店来说，高额的手续费也成了沉重的负担。不论会员还是加盟店都更青睐手续费低廉的商务卡。此时美国运通的商业模式就已经不再适应外部环境了。

那么，美国运通采取了什么措施呢？首先，他没有抛弃高档品牌的战略路线。但由于商务卡市场已经进入成熟期，必须改变高成本的经营模式。于是，美国运通将向客户发送账单的业务中心全部迁往国外。如今在日本使用美国运通的商务卡的话，会接到从澳大利亚或者中国香港用航空件寄来的账单。说起航空件，可能有人认为要花很多钱，但实际上恰恰相反。

以前，美国运通在东京的荻洼处理向客户发送账单的业务，给使用美国运通卡的日本客户邮寄账单。但从整体成本的角度考虑，在房租和人工费都更加便宜的澳大利亚邮寄账单，要比在荻洼便宜得多。因此，美国运通才将亚洲的账单邮寄等运营业务都集中在澳大利亚进行处理。

从美国运通的案例可以看出，在表面上坚持走高档品牌路线的同时，仍然可以通过暗地里的操作来降低成本。

内部是否协调

　　经营战略除了要契合外部环境之外，还要契合企业内部的环境。如果内部不协调，在开展业务时就会出现各种各样的问题。

　　要想搞好公司内部的协调工作，找准方法十分重要。在商学院中经常列举美国西南航空公司的案例来加以说明。

　　美国西南航空公司实现内部协调的秘诀就在于"15分钟转机"。所谓"15分钟转机"，是指飞机在机场降落后再次起飞的时间间隔仅为15分钟。这是非常惊人的速度。飞机在机场降落后，让抵达的乘客下飞机，将行李卸下飞机，打扫机舱……然后再让准备出发的乘客上飞机，飞机再次起飞。通过在15分钟之内完成这一系列的工作，美国西南航空公司以远远低于其他航空公司的价格实现了飞速的成长。

　　为了实现"15分钟转机"，美国西南航空公司建立起了一套专门的体制。比如，为了省去准备餐点的时间，飞机上不提供飞机餐。飞机上的座位不是对号入座，而是可以随便坐。采用对号入座的话，如果靠近过道座位的乘客先坐下的话，等靠窗的乘客来时，靠过道的乘客必须站起来，让靠窗的乘客进去坐下。这样一来，等乘客都坐在自己的位子上会花费很多时间。因此，美国西南航空公司采用和乘坐公交车一样的方法，随便坐。而且美国西南航空公司使用的飞机全部都是一种类型，公司对员工进行培训时只用一种飞机就足够了。飞行员也只需要一个驾驶证，就能开公司内的所有飞机。

　　而且美国西南航空公司使用的是距离市区较远、费用更低的机场。比如，使用像羽田机场那样非常繁忙的机场，如果其他航空公司晚点的话，美国西南航空公司也会跟着晚点。选择不太繁忙的机场也是为了避免受到晚点的影响。美国西南航空公司采取的这一系列措施都是为了让乘客能够在15分钟以内转机（详细内容请参照第五章）。

获得成功的公司一定都有各自的秘诀。如果读者对某个公司感兴趣的话，不妨试着找出这家公司的成功秘诀。

当然，也请思考一下自己公司的成功秘诀是什么。如果找不到秘诀，或者虽然算是秘诀，但和公司内部的系统不协调，那就称不上是正确的战略决策。

理论框架只不过是辅助线

为了实现整体最优，经营框架必不可少（参考本章末尾的说明）。这在进行战略思考时，能够起到辅助线的作用。

但仅有理论框架，并不能制定出经营战略。比如，进行SWOT分析时，首先要有一个大致的方案，然后为了印证这个方案而进行SWOT分析。在分析的过程中，优势、劣势、机会和威胁等才会逐渐变得明确起来。

索尼在研发VAIO时，大概就是将NEC、富士通等公司假定为自己的竞争对手，然后对各自的优势和劣势进行了分析。而在研发PLAY STATION时，大概也和任天堂进行了比较。也就是说，进行SWOT分析必须要有"主语"。

因此，即便将理论框架全都背诵下来，也不会自动产生经营战略。因为理论框架只不过是一个容器而已。

但在了解理论框架的基础上思考经营战略，要比不了解理论框架思考经营战略省力得多。在某个产品生产出来，思考应该如何销售时，如果不了解市场营销的4P，就必须从零开始思考，而如果之前就了解过市场营销的4P，就能避免思考出现遗漏的风险。因此，虽然没有必要死记硬背，但是如果事前能有一定的了解，在思考经营战略时一定会有所帮助。

在思考战略时，必须检查一下是否满足了上述的三个条件。

图表1-7 战略分析的3C

```
        Company
       （自己公司）

 Customer      Competitor
 （顾客）      （竞争对手）
```

在制定和分析经营战略时使用的最基本的框架，从 Company（自己公司）、Customer（顾客）、Competitor（竞争对手）这三个角度进行分析的方法。

图表1-8 市场营销的4P

① Product（产品）	② Price（价格）
产品、服务、质量、设计、品牌等	价格、折扣、支付条件、信用交易等
③ Place（流通）	④ Promotion（促销）
渠道、运输、流通范围、选址等	广告、POP、积分等

这是对市场营销的基本要素进行整理的框架，思考如何将 Product（产品）、Price（价格）、Place（流通）、Promotion（促销）这四个要素有效地进行组合，销售自己公司的商品。

图表1-9 5个竞争要素

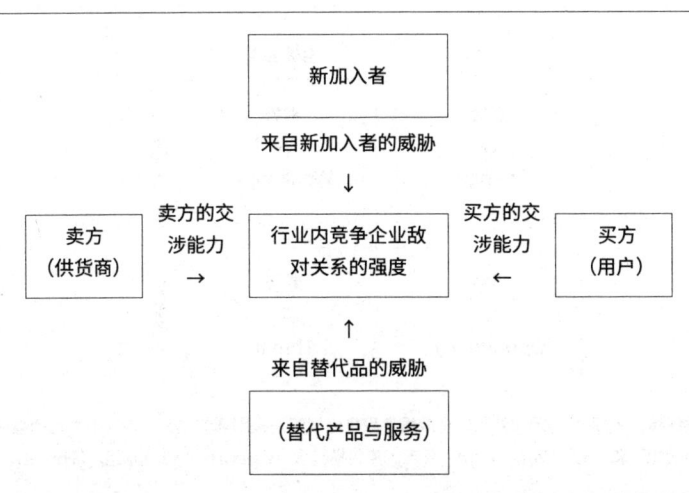

```
                    ┌──────────────┐
                    │   新加入者    │
                    └──────────────┘
                   来自新加入者的威胁
                          ↓
┌──────┐  卖方的交涉能力  ┌──────────────┐  买方的交涉能力  ┌──────┐
│ 卖方 │       →         │行业内竞争企业敌│       ←         │ 买方 │
│(供货商)│                │ 对关系的强度  │                │(用户)│
└──────┘                 └──────────────┘                 └──────┘
                          ↑
                   来自替代品的威胁
                    ┌──────────────┐
                    │(替代产品与服务)│
                    └──────────────┘
```

思考行业利润率的框架,从"行业内的竞争""来自新加入者的威胁""来自替代品的威胁""买方的交涉能力""卖方的交涉能力"这五个角度进行分析。这个框架是由哈佛商学院的迈克尔·E. 波特提出的。

图表1-10 组织变革的7S

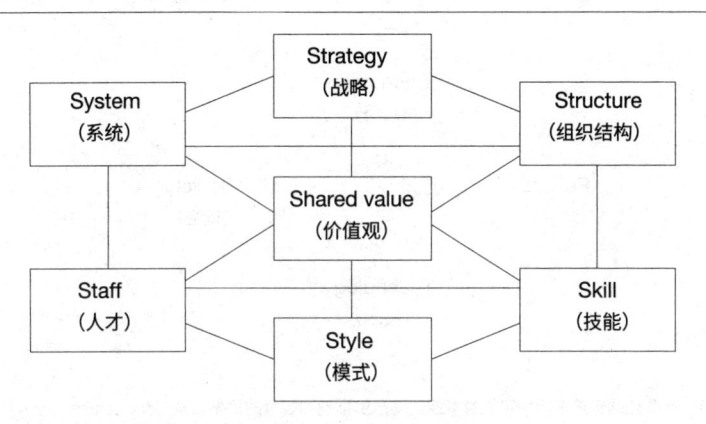

```
              ┌──────────┐
              │ Strategy │
              │ (战略)   │
              └──────────┘
    ┌────────┐           ┌──────────┐
    │ System │           │Structure │
    │ (系统) │           │(组织结构)│
    └────────┘           └──────────┘
              ┌──────────────┐
              │ Shared value │
              │  (价值观)    │
              └──────────────┘
    ┌────────┐           ┌──────────┐
    │ Staff  │           │  Skill   │
    │ (人才) │           │ (技能)   │
    └────────┘           └──────────┘
              ┌──────────┐
              │  Style   │
              │ (模式)   │
              └──────────┘
```

这是表示企业战略不可或缺要素的框架。将 Strategy(战略)、System(系统)、Structure(组织结构)、Shared value(价值观)、Staff(人才)、Style(模式)、Skill(技能)的首字母"S"取出,简称"7S"。其中战略、系统、组织结构被称为"硬件S",价值观、人才、模式、技能被称为"软件S"。这个框架是由麦肯锡提出的。

图表1-11 思考战略的 SWOT 分析

	积极因素	消极因素	
	强项 S Strength	劣势 W Weakness	内部因素
	机会 O Opportunity	威胁 T Threat	外部因素

制定战略时，分别从内因和外因的角度思考积极因素和消极因素的框架。内部因素包括强项（Strength）和劣势（Weakness）；外部因素包括机会（Opportunity）和威胁（Threat）。

图表1-12 宏观环境分析的 PEST

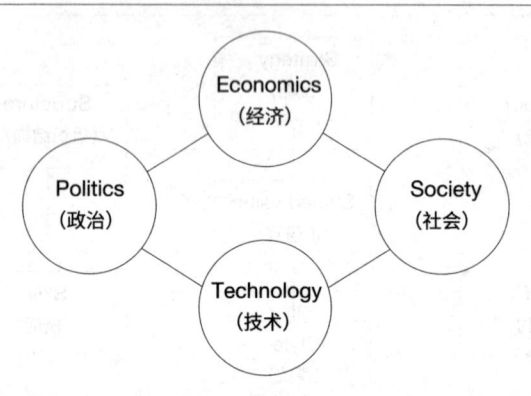

- Economics（经济）
- Politics（政治）
- Society（社会）
- Technology（技术）

把握企业所处的宏观环境中可能对事业活动产生影响的要素的框架。从 Economics（经济）、Politics（政治）、Society（社会）、Technology（技术）这四个角度对可能对自己公司产生影响的重要因素进行整理，并对影响度进行评估。

第二章

不同行业间的竞争——和不同规则的对手战斗

内田和成

第一节　制定克服"行业噩梦"的经营战略

下一个竞争对手是谁

"汽车行业的噩梦是变为像计算机行业那样。"这是曾任丰田汽车会长的奥田硕说过的话。他之所以这么说，是因为计算机行业的命脉完全掌握在开发了 Windows 操作系统的微软和生产 CPU 的英特尔的手中。如果汽车零部件生产企业逐渐做大，最终成为汽车行业的执牛耳者，那对于汽车行业来说就是一场噩梦。

实际上在柴油车领域，欧洲就已经出现了类似的情况。如果不安装德国博世公司生产的电子控制装置，就无法生产柴油车。

同样的情况或许也很容易出现在电动汽车行业。电池生产企业和发动机生产企业成为电动汽车行业最重要的部分，电动汽车生产企业则只是购买这两种组件进行组装。如果在汽车行业发生这种情况，产业结构必将发生巨大的变化。

在汽车行业，丰田汽车和大众汽车等对组装最终成品生产企业来说，处于行业的顶点，在其下是电装和博世等零部件生产企业，再下面是二级零件生产企业、材料生产企业等，所涉及的产业范围十分庞大。

如果这个结构变化，会发生什么情况呢？当今时代，必须连前所未有的情况都考虑在内，才能制定出经营战略。

事实上，许多行业都正在发生着翻天覆地的巨大变化。

比如，手机在不知不觉中就侵占了其他行业的市场。现在的手机上有照相机、音乐播放器、有钟表，还能代替钱包。现在的学生中戴手表的人已经少之又少。

受手机多功能化影响的不仅仅是生产企业。JAL和ANA都开始提供无票化服务，乘客可以通过手机预约国内机票，而且可以直接拿手机办理登机手续。这对乘客来说非常方便，只要有手机就可以轻而易举地预约机票和变更乘机时间，然后直接去机场上飞机即可。从航空公司的角度来看，这样做可以与乘客建立起直接的联系，掌握乘客的动向，而且不必再向旅行社代理店支付出票手续费。对乘客和航空公司来说，这属于双赢的关系。但对旅行代理店来说，却是一个沉重的打击。

手机制造商并不是为了"干掉旅行代理店"而开发的这种服务，在生产设备时也并没有将"旅行代理店"看作自己的竞争对手。手机制造商只是想给顾客提供更好的服务，让顾客更加满意，仅此而已。即便手机制造商是打算通过上述服务获得更多的市场份额，提高顾客对手机的利用频率，从而实现销售目标。但是，没有一个手机制造商是存心针对旅行代理店。但从结果上来说，手机制造商的确夺走了旅行代理店的客户和生意。

为什么不同行业间的竞争越来越多？原因主要有以下三点：日本经济的成熟化、竞争的全球化、信息革命的发展。

因为日本经济已经成熟化，所以大部分企业都在思考相同的事情。要么到海外发展，要么开始新事业。但"新事业"只是相对于想转行的企业来说的，在很多情况下，所谓的"新行业"早就在社会上存在了。这样一来，想转型的企业就要和该行业中既有的企业进行竞争。总而言之，该行业的传统企业的经营方式和新入行的企业的经营方式之间必然会发生碰撞。

进军海外也会出现同样的情况。随着企业活动的无国界化，也会有很多海外的企业来到日本。这就是全球化导致的不同行业之间的竞争。

信息革命的发展带来的影响也越发强烈。随着越来越多的人使用互联网和智能手机，消费者的购买行为发生了巨大的变化，企业的经营方式也随之发生了变化。

上述这些变化叠加在一起，导致行业结构发生改变，使得行业间的壁垒崩塌，不同行业间的竞争变得更加激烈。

自己所在行业的风险和机遇是什么

要想预测自己所在的行业会发生怎样的变化，可以有五种思考方法。笔者将以照相机产业的结构变化为大家进行说明。

第一种是"置换"。也就是之前的"A"变成了"B"。比如以前对照相机来说必不可少的胶卷，在数码相机时代变成了储存卡。换个说法就是胶卷行业变成了半导体闪存行业。这就是所谓的"置换"现象。

第二种是"省略"。也就是之前需要的东西被省略了。比如随着数码相机的出现，不再需要冲洗胶卷。如果直接在手机或电脑上观看照片的话，甚至连打印机也不需要。

第三种是"整合"。也就是将两个以上的事业或者产品整合为一个。在数码相机普及之前，将胶卷和相机整合到一起的一次性相机在市场上很受欢迎。这种做法对整合的一方是有利的，而被整合一方的生意却被夺走了。

第四种是"选项增加"。以前，人们将照片贴在相册上观赏，但现在则可以在电脑、数码相框，甚至网页上观赏。现在出门旅行时如果拍了很多照片，用邮件难以发送，用U盘邮寄也很麻烦，所以越来越多的年轻人选择直接将照片上传到网页上，然后将网址分享给朋友。想看照片的人只要登录网址就能看到，还可以只下载自己想要的照片。现在观赏照片的方法和之前的时代已完全不同。

第五种是"追加"。本来照片的功能是保存和观赏。但现在用手机拍照片并"发送"的情况越来越多。也就是说，照片变成了一种交流的手段，追加了前所未有的功能。

请大家用这五种视角（"置换""省略""整合""选项增加""追加"）来思考一下自己的行业将来可能会发生什么样的变化。如果总是在很狭窄的范围内思考自己的商业活动，当注意到的时候，很有可能自己一直努力的事业已经消失。

在预测行业未来的变化时，应该尽量站在消费者的立场上进行思考，这样可能会发现意想不到的机遇和风险。

图表2-1 从五个视角分析行业的变化（以照相机产业为例）

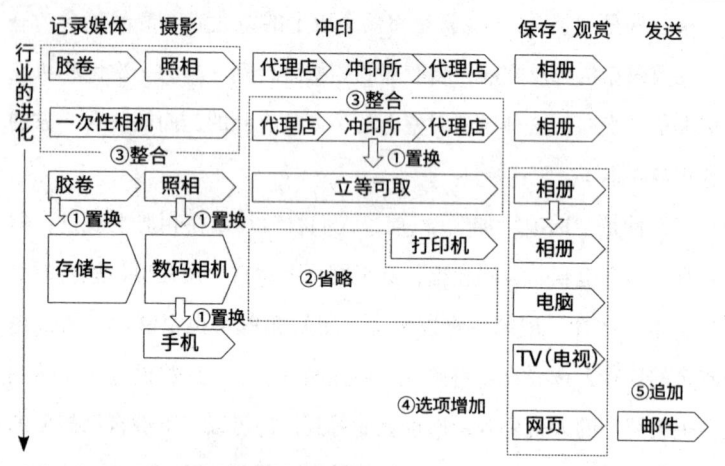

	记录媒体	摄影	冲印	保存·观赏	发送
行业的进化	胶卷	照相	代理店 → 冲印所 → 代理店	相册	
	一次性相机 ③整合		代理店 → 冲印所 → 代理店 ③整合 ↓①置换	相册	
	胶卷 ↓①置换	照相 ↓①置换	立等可取	相册 ↓	
	存储卡	数码相机 ↓①置换	打印机 ②省略	相册 电脑	
		手机		TV（电视）	
			④选项增加	网页	⑤追加 邮件

出处：内田和成著《不同行业间的竞争战略》

能够抛弃自己的价值观吗

及时发现产业结构的变化并做出大胆应对的典型案例就是富士胶卷。虽然现在富士胶卷仍然在公司名中保留着"胶卷"二字，但胶卷的销售额只占其全部销售额的百分之几而已。

富士胶卷曾经和柯达胶卷以及柯尼卡进行过激烈的竞争，并通过胶卷事业获得了很高的利润。那么在数码相机出现之后，富士胶卷都做了什么呢？富士胶卷认为"数字化是无法抗拒的潮流"，于是自己研发出一款名叫 Fine Pix 的数码相机，比佳能等老牌照相机生产企业转型数码相机要早得多。

在旁人看来，富士胶卷的这种做法无异于加快胶卷事业死亡的自杀行为。富士胶卷却准确地判断出胶卷事业已经无以为继，必须自己主动放弃。因为之前通过胶卷事业赚取了丰厚的利润，所以富士胶卷也有能力进行结构改革和产业重组，将自己脱胎换骨地变成全新的企业。

接下来再让我们对比一下索尼和苹果面对结构变化时的反应。

苹果的 iPod 革命性地改变了人们听音乐的方式，在便携式音乐播放器市场上取得了绝对优势。尽管索尼的 WALKMAN 在日本市场勉强维持 50% 的市场份额，但在全球市场，iPod 的市场占有率高达 85%—90%。在一般人看来，通过 iTunes Store 购买音乐是理所当然的行为。

但苹果本来是一家电脑生产企业，跟音像设备没有任何关系。而且，苹果旗下既没有唱片公司，也没有能发布音乐的通信公司。

与苹果相比，索尼可以说是三者兼备。索尼的便携式音乐播放器在全球市场的占有率排在第一位，旗下还拥有索尼唱片，甚至还有过一家名为 So-net 的网络公司。因此，索尼拥有在网络上发布音乐的所有必要条件，索尼却被不具备上述条件的苹果远远抛在后面。

这到底是为什么呢？

传统的音乐播放器是索尼的优势领域，但传统的音乐播放器都需要有媒介。媒介具体是指磁带、CD 或者 MD 等。听完之后更换媒介的做法最早从唱片时代就开始了。索尼正是通过不断更新音乐播放器的媒介而获得成功的。

而 iPod 的思维方式则是如果将所有的音乐都带在身上，就没必要更换媒介了。这从根本上改变了音乐欣赏的方式，所以苹果才能实现飞跃式的发展。

虽然对媒介的不同理解并不是造成两家企业差距的全部原因，但这种价值观的差异绝对是影响结果的因素之一。

已经成功的企业失去的往往更多，索尼和苹果的案例正好说明了这一点。

第二节　创造商业模式

新加入企业完全不同的盈利模式

有时候，行业中可能出现一个来自其他行业，且拥有不同商业模式的新加入者，最典型的例子当属seven&i控股旗下的seven银行。这家成立于2001年的银行虽然历史很短，但非常赚钱。

每当笔者和传统银行的干部谈起seven银行时，他们都带着一脸不屑的表情说："那根本算不上银行。"为什么算不上银行呢？对方给出了如下的解答。

银行通过吸收存款来筹集资金，再将钱贷给有资金需求的企业，从中赚取差额利润，堪称日本经济的动脉，对经济的发展十分重要。而seven银行因为没有贷款业务，所以根本算不上银行。

的确如此。诸位读者的公司，大概都没有从seven银行接受贷款的吧，因为seven银行确实没有贷款业务。

那seven银行靠什么来赚钱呢？说起来很简单，那就是通过收取ATM机的使用手续费来盈利。现在seven银行在日本全国有15000台左右的ATM机，主要都设置在7-11便利店里。大家去7-11便利店时，用自己的借记卡在seven银行的ATM上存取款时，seven银行都会获得手续费。即便大家没有向seven银行支付手续费，seven银行也会向你借记卡的银行收取手续费。

对seven银行来说最大的困扰是什么呢？那就是在seven银行开户、存钱，并在账户里取钱存钱的客户不断增加。现在用seven银行的ATM机取钱的客户都是在其他银行存钱的人，所以seven银行才能够赚取手续费。如果在ATM机上取钱的人全变成seven银行自己的客户那就不能收取手续费了。

对seven银行来说最理想的状况是日本全国没有一个人在seven银行开银行账户。在这种情况下，seven银行的利润才能最大化。因为拥有seven银行借记卡的人很少，seven银行的商业模式才能持续下去。

相信现在读者应该明白了。seven银行的商业模式之所以能够成立，是因为除了seven银行之外还有很多其他的银行。银行业这块蛋糕很大，而seven银行仅取了其中的一小部分而已。就像是寄生在大鱼身上的"吸盘鱼"一样。

与之相对的，和seven银行同一年开业的索尼银行则采取了和传统银行一样的经营模式，也是通过吸收客户存款来筹集资金，然后贷出去赚取利息差。

然而，与其他大银行高达100万亿日元的存款余额相比，索尼银行的存款余额只有1%左右。那么，索尼银行是如何通过同样的经营模式在日本银行业站稳脚跟的呢？

因为索尼银行没有一家营业点专门在网上营业，所以索尼银行的店铺成本是零，员工成本也是零。虽然在维护系统上要花一些经费，但是与大型银行在信息系统上的投资相比简直微不足道。这样一来，索尼银行就能实现低成本运营，低成本运营的企业可以在价格竞争中胜出。这就是索尼银行与其他银行进行竞争时最有力的武器。

索尼银行可以提高存款利率吸引存款，同时可以降低贷款利率获取贷款客户。虽然提高存款利率、下调贷款利率会导致利息差减少。但因为索尼银行的运营成本很低，完全可以弥补这部分损失，所以仍然可以获得利润。索尼银行和 seven 银行虽然都是新加入的银行，但是二者的商业模式完全不同。

不同商业模式的银行共存且相互竞争的时代已经来临。

与销售同样价值的对手竞争、与销售不同价值的对手竞争

不同行业之间竞争的本质就是商业模式之争。因为赚钱的机制不同，竞争的规则也不一样。

比如，谷歌和微软以不同的商业模式向顾客提供相同的价值。

微软的 Office 是和 Windows 操作系统同级别的主力商品。微软通过研发和销售 Office 来盈利，其竞争方式颇具生产企业的特征。

谷歌的"谷歌文档"相当于在网上免费提供了微软 Office 中的 Word、Excel 以及 PowerPoint，而且谷歌根本就不打算用"谷歌文档"来赚钱。通过免费提供"谷歌文档"，谷歌可以吸引更多的用户登录谷歌网站，从而提高广告收入。谷歌销售额的 99% 都来自广告收入。除了"谷歌文档"之外，谷歌还免费提供"谷歌地图""谷歌街景""谷歌地球"等服务，增加点击率，延长客户的浏览时间，就能增加广告收入。

在与不同规则的对手进行竞争时，要想取得胜利，必须了解对方

PART I　战略思维的基础　039

的竞争方式和商业模式，结合自身的优势和弱点，及时地做出改变。

但企业如果盲目改变自己的经营模式，会导致优势消失。在没有其他盈利手段的情况下，如果将唯一能够盈利的内容免费提供给顾客，无异于自杀行为。这一点千万要注意。

此外，企业还要与提供不同价值的对手进行竞争。这种竞争意味着和对手争夺客户的时间、空间和钱包。

争夺时间的典型案例，当属电视、电脑和手机。或许有人会说，"我可以一边看电视一边用电脑，还能同时用手机，三者间并不冲突"。但正是说这种话的人，每当电视上播放广告的时候就会开始玩电脑和手机。电视台靠广告收入才能运营下去，如果广告主发觉"没人看广告，我们白花钱了"，电视台的商业模式也就无法成立。虽然这是一种极端的情形，但还是有可能发生的。

图表2-2 从顾客的价值看竞争方式的类型

	用同样手段提供	用不同手段提供
提供同样的价值	①成本结构差异 ②事业目的差异	①技术差异 ②商业模式差异 ③实体还是虚拟 ④拥有还是租赁
提供不同的价值	①争夺时间 ②争夺空间 ③争夺钱包	

出处：内田和成著《不同行业间的竞争战略》

争夺空间的典型案例可以参考漫画咖啡厅。在漫画咖啡厅里有舒适的躺椅，顾客还可以享受淋浴和住宿服务。很多人因为跟朋友聊天或者工作太晚错过末班车的时候，就选择在漫画咖啡厅里过夜，比打车回家还便宜。可以说漫画咖啡厅抢走了旅馆业的客户。

还有争夺钱包的竞争。比如，女高中生将零花钱用在什么地方？过去的女高中生，大多用零花钱去买衣服、和朋友一起吃冰激凌、拍大头贴等。但现在的女高中生据说将零用钱的一大半都用在充手机话费上。虽然兴趣爱好不断增多，但每个月的零花钱是有限的，所以各行各业都在争夺客户的钱包。

伊藤洋华堂的伊藤雅俊先生曾经说过："从某个时期开始，我们伊藤洋华堂的销售额减少了数百亿日元。因为网购的发展，抢走了我们的客户。"类似这种客户在不知不觉间就被抢走的情况在哪个行业都可能发生。

商业模式的三个要素

在思考商业模式时，需要注意什么呢？笔者认为只要具备以下三个要素，就可以说是优秀的商业模式。

第一个是"为顾客提供价值"，也就是要明确自己在为顾客提供什么；第二个是建立起"盈利的机制"；第三个是在出现竞争对手时能够"维持竞争优势"。

接下来笔者将以"青山鲜花市场"的连锁花店为例进行说明。"青山鲜花市场"是由"公园公司"创立的连锁花店，在东京圈迅速发展。为什么这个鲜花连锁店能够迅速地发展起来？它和传统的花店有什么不同？

传统花店的客户大致可以分为法人客户和个人客户。比如，企业的办公大楼新建成或者来了新的CEO时，需要赠送鲜花，这样的客户就是法人客户。在赠送法人客户鲜花时是讲究品牌的，比如"日比谷花坛"这个著名花店就很受欢迎。

传统花店的个人客户，主要因为结婚纪念日、夫人生日、孩子毕业典礼、学习成果发表会等原因购买鲜花。日本人买花都是事前考虑好的，而不是"在花店门口经过，突然想起今天是妻子的生日，于是买束花回去"。因此，丈夫会在妻子生日前一天亲自来到花店，对店里的人说"明天是我妻子的生日，想买一束5000日元左右的鲜花"，于是店里的人就会一边询问顾客的要求一边选择鲜花。这就是传统花店的商业模式。

与之相对的，"青山鲜花市场"希望大家能够将鲜花当作日常生活中的装饰。也就是说不必非要在特别的纪念日才买花，而是想到"今天想在餐桌上装饰一束鲜花"，就立刻买一束花。这就是"青山鲜花市场"为顾客提供的"价值"。因此花束的价格也不贵，普遍在350日元、500日元、850日元，而且大部分鲜花都提前做成花束，为顾客省去了挑选的麻烦。

一时兴起购买鲜花，说明顾客不是特意来花店买花，而是路过时顺便买的。所以"青山鲜花市场"的店铺都设置在人流较多的中转车站或者车站前。为了吸引路过的人买花，店面故意设计成开放式，甚至让人分不清楚哪里是过道，哪里是店面。1天有100人或者200人进店，其中有两三成的人购买的话就能够盈利。这就是"青山鲜花市场"的盈利机制。与传统花店"高毛利、低周转"的商业模式相比，"青山鲜花市场"凭借的是"低毛利、高周转"的商业模式来进行竞争。

再来看"维持竞争优势","青山鲜花市场"率先抢占了主要的中转站。如果把东京的车站按照上下车乘客数由多到少进行排序的话,排在前面的基本都已经被"青山鲜花市场"占领了。

图表2-3 优秀的商业模式必不可少的三个要素(以"青山鲜花市场"为例)

> **为顾客提供价值**
> 传统的花店主要满足"赠答需求",而"青山鲜花市场"希望顾客将鲜花作为日常生活中的装饰,让顾客不必在特别的日子才买花,而是想到"今天想在餐桌上摆一束花做装饰",就立刻购买一束花。

> **赚钱的机制**
> 与传统花店"高毛利、低周转"的商业模式相比,"青山鲜花市场"凭借的是"低毛利、高周转"的商业模式来进行竞争。

> **维持竞争优势**
> "青山鲜花市场"在主要的中转站开店,抢占热门地段。

将亏损转化为利润

因为商业模式的不同,对有的公司来说亏损的业务,在其他的公司之中则可能是利润来源,让我们以电器产品的售后服务为例进行一下思考。

在电器商行购买家电产品的时候,收银员会说:"今天本店的商品价格都下调13%。但是厂家的保质期只有1年，如果您加价5%的话，本店将提供2年的延保。"有销售经验的店员还会这样说："想必您也知道，家电产品在1年以内出现故障的情况非常少，但在第2年、第3年出故障的情况就很多。只需要加价5%就能获得2年的延保，非常划算。"听店员这么一说，很多顾客都会选择购买延保。

顾客购买延保，受益最大的就是电器商行。因为购买延保的费用是商品价格的5%，这意味着20台家电中即便有1台在2年延保期内完全损坏，电器商行都能做到收支平衡。但现在的家电质量很好，不可能出现5%的损坏率。因此对电器商行来说，提供2年延保是稳赚不赔的好买卖。

对家电制造商来说，售后服务除了增加成本之外，没有任何好处。在全国各地设立售后服务中心，虽然也会收取一定的费用，但顶多只能做到收支平衡。而家电制造商如果不提供售后服务的话，顾客会在网上留言说"那个品牌不行，产品出了故障根本不管，下次再也不买了"。因此，家电制造商在售后服务问题上根本不敢有丝毫的懈怠。

由此可见，对顾客来说乍看起来完全相同的服务，但因为目的和商业模式不同，对企业的意义也完全不同。

应该做的事

从今往后，当自己企业的事业进展不顺利时，必须要思考以下几个问题。

1. 在迄今为止的行业秩序中，我们是否一直在打败仗？
2. 是否有来自其他行业的竞争对手来瓜分我们行业的蛋糕？
3. 是否出现了改变行业和事业定义的变革？

因为上述问题将极大地影响企业的战斗方式。

当进军新行业的时候，应该尽量避免出现1的情况，同时尽可能通过实现3来取得成功。当然如果能够在成本和附加价值方面与竞争对手实现差异化，那2也是个不错的选择。

第三章

市场营销
——关注本质的需求

守口刚

第一节　市场营销在企业
　　　　　经营中的作用

经营理念的变化

　　彼得·德鲁克在其著作《管理》一书中，针对市场营销在企业经营中的作用做出了说明："市场营销是最基础的功能，不能将其和生产与人事等其他功能相提并论。……因此，必须让对市场营销的关心和责任渗透进企业的所有领域之中。"

　　毫无疑问，市场营销是企业经营中最重要的功能之一。与此同时，市场营销也是指明企业经营方向的理念和指针，发挥着非常重要的作用。用更直白的话来说，就是"以顾客为中心开展商业活动"的思维方式。这种企业经营的理念也被称为市场营销理念。

　　那么，市场营销理念到底指的是什么？只要看一下企业经营理念的变化过程，就会弄明白其中的含义。

　　图表3-1就是最典型的企业经营理念。首先从"生产理念"开始，如今很多企业都以"市场营销理念"或者"社会市场营销理念"为基础展开经营。

图表3-1 企业经营理念的变化

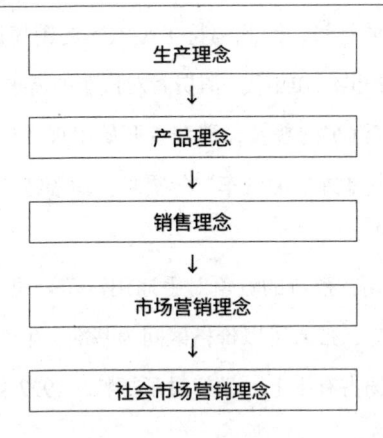

```
       生产理念
          ↓
       产品理念
          ↓
       销售理念
          ↓
      市场营销理念
          ↓
     社会市场营销理念
```

生产理念——无法应对需求的多样化

生产理念认为"决定企业竞争力的因素是生产能力"。在供不应求的市场之中,"生产理念"能够充分地发挥作用。虽然有很多顾客,但企业的生产能力跟不上导致供不应求。在这种情况下,提高生产能力扩大供给,通过大批量生产降低成本和价格,将极大地提高企业的竞争力。

最典型的成功案例同时也是失败案例,就是福特T型汽车。这辆福特公司初期最具代表性的汽车上市于1908年。上市后几乎没有改变过外形和设计,而且车身颜色也只有黑色。刚推出时的价格是850美元一辆,后来由于大批量生产降低成本,1925年时的售价已经降至290美元一辆。这款T型汽车的销售量和汽车价格成反比,销售量每年增加,价格逐年降低。由此可见,在这一时期"生产理念"非常奏效。

然而，进入20世纪20年代之后，美国消费者对汽车的需求开始出现多样化、细分化的趋势，因此福特 T 型汽车的销售量也随之下降。在汽车尚未普及的20世纪10年代，消费者对汽车的需求是"价格便宜、能开就行"；但随着汽车的普及，消费者开始出现"想要黑色以外的颜色"以及"想要其他外形的汽车"等需求。而福特 T 型汽车无法满足消费者的上述需求。

正好在这个时期，福特的竞争对手通用汽车公司（GM）针对汽车市场细分化的趋势，带入了以价格区间为基准，生产全品类汽车的策略。结果，在市场占有率上一举超过了福特。1927年，福特不再继续生产福特 T 型汽车。

提高生产能力，通过大批量生产削减成本，无法应对多样化和细分化的市场需求。福特 T 型汽车的成功与失败，完美地揭示了其中存在的危险性。

图表3-2 生产理念

认为"决定企业竞争力的因素是生产能力"。
在供不应求的情况下有效。
通过提高生产能力扩大供给，通过大批量生产降低成本和价格。
↓
存在无法应对消费者需求多样化的危险。

产品理念——容易陷入"行销短视"的误区

产品理念认为"消费者喜爱拥有最高品质和性能的产品，应该以此为前提致力于生产优良的产品"。

或许很多人认为，制造业致力于生产高品质、高性能的产品才是最重要的。尤其在日本的产业界，这种想法根深蒂固，很多企业都把产品理念作为经营的基本理念。但需要注意的是，产品理念很容易陷入行销短视的误区。

"行销短视"是由西奥多·莱维特提出的概念，含义如下：

"顾客想要的并不是产品，而是产品带来的便利。如果忘记这一点只看到眼前的产品，就会忽视顾客的需求。"

图表3-3 产品理念

```
┌─────────────────────────────────────────────┐
│ 消费者喜爱拥有最高品质和性能的产品，应该以此为前提致力于生产 │
│ 优良的产品                                     │
│                    ↓                          │
│         存在导致行销短视的危险                   │
└─────────────────────────────────────────────┘
```

所谓"短视"，是指只看到眼前的产品，而忽视顾客本质的需求。莱维特用一个通俗易懂的事例对其进行了说明。

"去年，四分之一英寸的电钻卖出了100万个。但这并不是因为人们需要四分之一英寸的电钻，而是因为需要四分之一英寸的孔。"（西奥多·莱维特《营销想象力》）。

如果电钻热销，卖方或许会认为"消费者想要电钻"，但购买电钻的人并非需要电钻这个商品，而是需要用电钻打的孔。如果除了电钻还有其他更好的方法能够打孔的话，电钻就卖不出去了。如果无法发现顾客的本质需求，只关注眼前的产品，就容易陷入行销短视的误区。

莱维特在自己的著作中列举了美国铁路公司的例子来解释什么是"行销短视"。绝大多数的乘客并不是想坐火车，只是为了抵达目的地。当然也有喜欢坐火车的乘客，但这只是极少数的个例。所以火车只不过是为乘客提供"移动"的手段而已。

而能够为乘客提供"移动"的不只有火车，汽车、飞机都是移动手段。如果美国铁路公司能够意识到这一点的话，或许会进军日后迅速成长的汽车和飞机市场。但美国铁路公司想的却是"我们提供的是火车服务"，完全没有意识到顾客真正的需求。

打字机生产企业也同样没能躲过行销短视的误区。在没有电脑和文字处理机的时代，欧美普遍使用打字机作为书写工具。顾客需要的是能够打印文字的工具，而不是打字机。如果能够意识到这一点的话，打字机生产企业或许就会及时地进军电脑和文字处理机等日后取得飞速发展的领域。

销售理念——可能阻碍长期发展

销售理念认为"决定企业业绩的关键是销售"，销售能力才是企业竞争力的源泉。在供大于求的市场之中，销售理念往往能够发挥出显著的效果。

图表3-4 销售理念

```
决定企业业绩的关键是销售。
在供大于求的市场之中能够发挥出显著的作用。
将销售产品和服务当作目的,当产品和服务销售出去之后就认为已经
完成了目标。
              ↓
存在阻碍企业长期发展的危险性。
```

但以销售理念为基础,企业往往会将销售产品和服务当作目的,当产品和服务销售出去之后就认为已经完成了目标,而不再关注消费者是否对产品和服务满意,以及是否会再次购买。在一个成熟的市场之中,与初次购买的需求相比,持续购买的需求所占的比重更大。以销售理念为基础,忽视顾客满意度和持续购买需求,会对企业的长期发展造成阻碍。

市场营销理念——有助于可持续发展

市场营销理念认为"企业要明确目标顾客,将企业各种各样的功能有机地结合在一起,最大限度地提高顾客满意度"。

销售理念将关注点放在销售达成上,与之相对的,市场营销理念将关注的重点放在"销售达成后顾客的满意度"上。如果市场营销理念在企业经营中发挥作用的话,对企业满意的顾客还会第二次、第三次地购买企业的产品与服务,使企业获得可持续发展。也就是说,市场营销理念是将顾客置于商业活动中心展开企业活动的思考方式。

图表3-5 市场营销理念

> 明确目标顾客,将企业各种各样的功能有机地结合在一起,最大限度地提高顾客满意度。
> 销售理念将关注点放在销售达成上,与之相对的,市场营销理念将关注的重点放在"销售达成后顾客的满意度"上。
> ↓
> 将顾客置于商业活动中心展开企业活动的思考方式。

销售和市场营销是两个很容易混淆的概念。二者的不同之处究竟在哪里呢?德鲁克和莱维特都用简洁的语言进行了说明。

"市场营销的目的就是去销售化。"

这是德鲁克的名言。创造一个不需要销售,顾客也会主动前来购买的状态或者机制,就是市场营销的目的。

"即便不想卖,顾客也主动来买",或许这就是企业的终极目标吧。

莱维特则是这样说的:

"销售将关注点放在销售者的需求上,而市场营销则将焦点放在购买者的需求上。"

关注点究竟在卖方还是买方?这就是市场营销和销售之间最大的不同之处。

社会市场营销理念——给顾客和社会谋福利

近年来,市场营销理念进一步升华为社会市场营销理念。

在市场营销理念的指导下,企业将关注的焦点放在顾客满意度上,但如果只注重顾客的利益,可能会忽视顾客背后的整个社会的利益。与之相比，社会市场营销理念则"以为全社会谋福利的方法，让顾客感到满意"。

近年来，人们越来越关注企业的社会责任以及对社会做出的贡献，因此企业在进行市场营销活动时也必须意识到这一点。

图表3-6 社会市场营销理念

> 市场营销理念进一步升华为社会市场营销理念。
> 以为全社会谋福利的方法，让顾客感到满意。
> 人们越来越关注企业的社会责任以及对社会做出的贡献，社会市场营销理念越发重要。

避免行销短视的案例

前文中提到过的行销短视，是很多企业都容易出现的问题。但也有不少企业完美地规避了行销短视的陷阱，使商业活动取得了顺利的发展。

图表3-7 行销短视

> 顾客想要的不是产品，而是产品带来的便利。
> ↓
> 如果忘记这一点只看到眼前的产品，就会忽视顾客的需求。

比如，便利店以前只是销售日常生活用品的店铺，但现在已经不仅销售商品，还提供代收快递、代收水电煤气费、ATM等各种各样的服务。因为消费者购买商品是为了"解决日常生活中的各种问题"。而日常生活中的问题不仅仅是购买作为午饭的盒饭和饭团，有时候还要从ATM上取钱、去银行缴纳水电煤气费、发送快递等。正因为关注到这些生活中的问题，现在的便利店才提供了上述服务。

ART搬家公司就通过避免行销短视开拓了全新的市场（石井淳藏、栗木契、岛口充辉、余田拓郎《市场营销入门》）。ART搬家公司以前是一家名为"寺田运输"的运输公司。在日本，不论现在还是过去，很多运输公司都做搬家业务，但大部分运输公司都将"货物运输服务"看作是自己的本行。他们认为搬家的人需要的就是货物运输服务，自己只要做好"运输"环节就足够了。

但ART搬家公司认为，要搬家的人不仅有货物运输的需求，还有一个更大的需求就是"改变生活"。以此为基础，ART搬家公司提出了"为改变生活提供支援"的商业模式。

于是ART搬家公司开始为搬家的客户提供各种各样的服务。顾客在搬家之后需要各种各样的生活用品，可以在名为"ART SHOPPING"的网站上以优惠价格购买。此外，ART搬家公司还有为客户免费代办邮件转寄手续等服务的"一站式服务"。

再来看一个规避行销短视的成功案例。保木医疗器材公司就不单为医疗机构提供医用消耗品，更聚焦于帮助客户提高业务效率这一课题开展业务（伊丹敬之《经营战略的逻辑》）。保木医疗研发出了一套手术专用的消耗品套装，医疗机构使用这个套装可以大幅缩短准备手术的时间，提高业务效率。比如，白内障手术一般来说需要76分钟做准备，但使用这个套装的话可以将准备时间缩短到10分钟。保木医疗器材公司的创始人保木将夫说"我们销售的并非商品，而是手术室的效率"。

IBM在1990年前半段公司业绩大幅下滑，迫不得已对业务进行了重组。这时，IBM提出了"IBM Means Service"的口号，大力开发"电子商务"模式，致力于"提供电子商务的解决方案"。在这一过程中，IBM将硬件业务剥离出去，重点放在解决方案业务上。2002年，IBM收购了普华永道会计师事务所的咨询部门。2003年，IBM将硬盘驱动器业务出售给日立制作所。2004年，IBM又将一直被视为公司主要业务之一的个人电脑业务出售给联想。

结果，服务在IBM销售额中所占的比例从1997年的30%出头，提升到2008年的接近60%。IBM从为顾客提供商品（电脑以及相关软件）转为解决客户的问题（电子商务解决方案），成功地改变了商业活动的结构。

用市场营销理念改变事业的定义

通过上述案例不难看出，避免陷入行销短视的误区，关注顾客本质的需求，可以改变"事业的定义"（确定事业领域）（参见第57页图表3-6）。

比如，在保木医疗的案例中，如果以医疗消耗品这个商品作为对象来定义事业的话，就是"制造和销售医疗消耗品"。但如果将关注点放在顾客本质的需求上，保木医疗的事业领域就变成了"为提高手术室效率提供支援"。

如果 IBM 将焦点放在商品上，其事业领域就是"制造和销售电脑以及相关软件"。如果将焦点放在顾客的本质需求上，那么事业就可以定义为"IT 解决方案"。

图表3-8 事业的定义

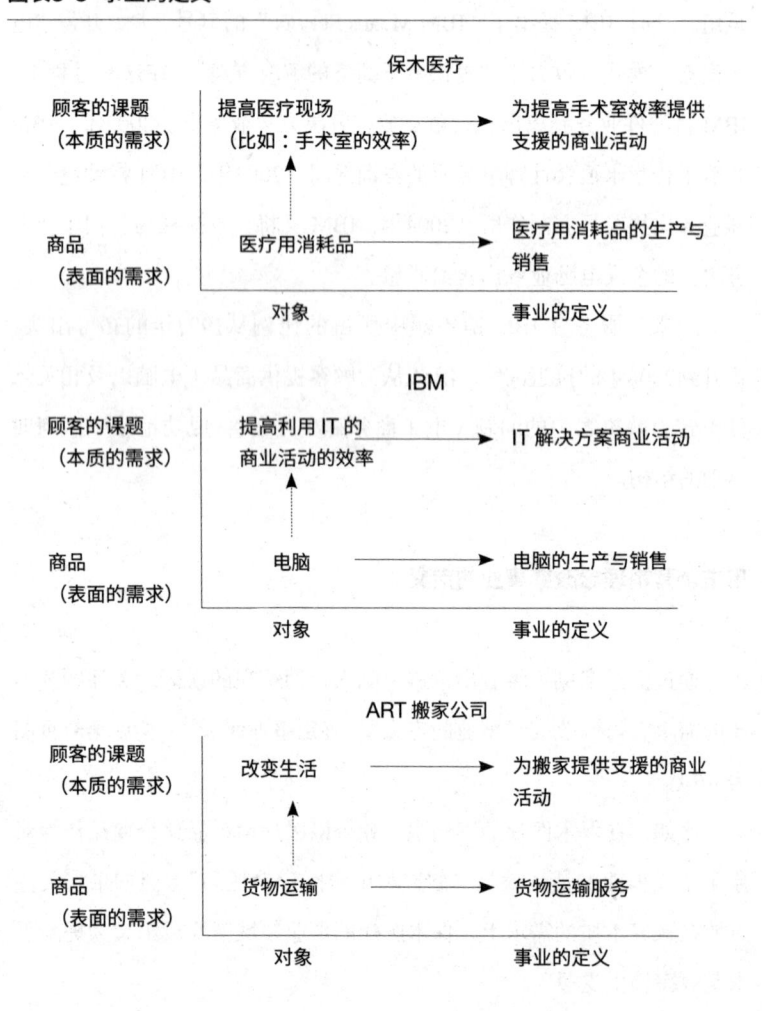

保木医疗

顾客的课题（本质的需求）	提高医疗现场（比如：手术室的效率） →	为提高手术室效率提供支援的商业活动
商品（表面的需求）	医疗用消耗品 →	医疗用消耗品的生产与销售
	对象	事业的定义

IBM

顾客的课题（本质的需求）	提高利用 IT 的商业活动的效率 →	IT 解决方案商业活动
商品（表面的需求）	电脑 →	电脑的生产与销售
	对象	事业的定义

ART 搬家公司

顾客的课题（本质的需求）	改变生活 →	为搬家提供支援的商业活动
商品（表面的需求）	货物运输 →	货物运输服务
	对象	事业的定义

第二节 定位
——花王"Essential"的品牌重组

因顾客的老龄化演变为"廉价品牌"

接下来让我们通过一个案例,分析一下市场营销的基础。这个案例就是花王"Essential"品牌重组的事例(守口刚、中川宏道"可爱是能够创造出来的——花王 Essential 的品牌复活"《市场营销杂志》第111期)。

Essential 是花王知名度极高的长销洗发水品牌,发售于1976年。当时的消费者除了基本的洗发功能之外,还希望洗发水有其他的附加功能。比如,花王在1970年发售的"Merit",除了基本的洗发功能之外,还拥有去头屑、止头痒的功效。

6年后发售的 Essential,宣传语是"保护您的角质层",也就是拥有保护发质、修复损伤的功效。因为当时花王通过电视广告进行了大规模的宣传攻势,所以角质层这个词也迅速在社会上普及开来。

像 Essential 这样的长销品牌,虽然拥有很多忠实消费者,但如果不能持续获得新顾客,就会面临顾客群体老龄化的问题。1976年时20

岁的人，到2006年就50岁了。随着顾客群体的老龄化，品牌本身也出现了老龄化的问题。

当这个问题出现后，再想获得年轻客户群体的青睐就更加困难。这样一来，就更加速了品牌老龄化的速度，形成了一种恶性循环。

Essential也陷入了这种恶性循环之中。20世纪90年代到21世纪，随着顾客年龄层的上升，Essential的主要顾客群体变成了40多岁的家庭主妇，Essential也变成了超市里常见的促销商品。再加上P&G的"潘婷"和联合利华的"力士"都开始强调护发功能，Essential的市场份额跌落至不到5%。

此外，花王于21世纪初推出的新品牌"ASIENCE"大获成功，Merit也顺利地实现品牌升级。结果在花王内部，就只剩下Essential的存在价值最低，于是花王决定让Essential也实现重生。

图表3-9 长销品牌的问题点

> 长销品牌的优势在于拥有很多忠实顾客。
> 但如果不能持续获得新顾客，就会面临顾客群体老龄化的问题。
> 当这个问题出现后，再想获得年轻客户群体的青睐就更加困难。
> 这样一来，就更加速了品牌老龄化的速度。
>
> ↓
>
> 陷入顾客年龄不断上升的恶性循环。

重新设定目标客户

花王首先采取的措施，就是重新设定目标客户。因为目前Essential的核心客户老龄化，而且难以获得年轻客户，所以花王最初将新的目标客户设定为"经常烫发和染发导致发质受损的20—25岁年轻女性"。

于是花王对200名以上的年轻女性进行了采访，并从中选出17名女性，请她们连续2周每天在博客上记录自己的"头发状态"，然后又派专员与其中6名女性一起生活，观察这些女性洗头发时的状态。

结果，花王发现实际上年轻女性对发质受损并不怎么在意，但她们非常在意发型，而且在整理出自己满意的发型时会露出非常开心的表情。

在掌握了上述信息后，负责Essential升级的高级营销师提出了以下看法。

"日本的年轻女性关心的是自己的发型是否能够让自己变得更漂亮、更可爱，一味地强调护发功能并不能得到她们的关注。"

通过这次调查，花王还发现了"年轻女性很重视发梢"。很多女性都因为不能随心所欲地给发梢做造型而烦恼。但她们所说的发梢其实并非真正的发梢，而是耳朵以下部分的头发。于是花王在对Essential进行品牌升级时，特别提出了"发梢15厘米"的关键词。

同时，花王还通过研究年轻女性重视发型的价值观，重新设定了品牌提供的价值。

对现代20多岁的女性来说，最高规格的赞美莫过于"可爱"。"可爱"这个词里面含有"喜欢"的意思。如果不喜欢对方，可以夸奖对方"漂亮",但不能夸对方"可爱"。而且,虽然并不是任何人都能变"漂亮",但任何人都能变"可爱"。20多岁的女性基本上都有这样的认知。

花王以20多岁女性的这一认知为基础,将对年轻女性来说具有非常重要意义的"可爱"状态,设定为Essential提供的价值。

缩小品牌印象和新价值之间的差距

花王接下来要做的,就是将"可爱"这个提供价值与Essential这个品牌结合起来。即便提供的价值很有吸引力,但如果顾客不相信Essential能够提供这个价值,那就毫无意义。

借用花王高级市场营销师的话来说,在品牌升级之前,顾客都认为Essential是"大妈品牌"。这种"大妈品牌"即便说能够提供"可爱"的价值,也没有人相信。尤其是被设定为目标顾客群体的20岁女性对此更不会买账,反而会觉得"一个大妈品牌还说什么'可爱',真恶心"。如何缩小品牌印象和新价值之间的差距,就是摆在花王面前最大的课题。

图表3-10 重新设定提供价值的课题

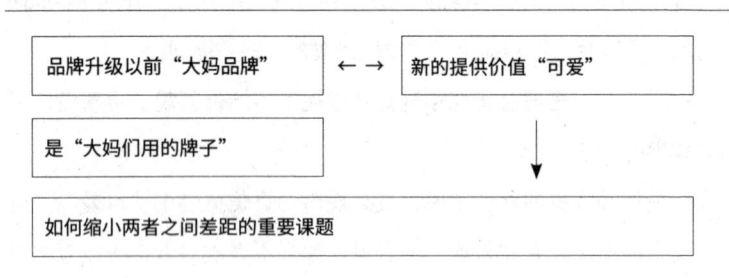

| 品牌升级以前"大妈品牌" | ← → | 新的提供价值"可爱" |

| 是"大妈们用的牌子" |

| 如何缩小两者之间差距的重要课题 |

此时，"只要改变发梢的15厘米就能变得可爱"这一信息发挥了重要的作用。消费者们早已知道Essential拥有修复损伤的作用，只要再让消费者们理解通过修复发梢15厘米的损伤就能营造出可爱的效果，便可以将Essential这一品牌与"变得可爱"的提供价值联系起来。

在对Essential进行品牌升级时，花王就将这一信息作为宣传的核心内容。在电视等媒体上做广告的同时，花王还专门设立了一个名为"变可爱.com"的网站。在这个网站上向消费者们发送"如何变得更可爱"的相关信息，同时将其打造成一个综合信息交流的平台。此外，花王号还在东京的代官山设置了一个名为"可爱工作室"的体验区，又为"东京少女收藏"提供赞助，营造出一个让消费者能够全方位体验Essential提供价值的宣传攻势。

同时，为了营造出Essential升级换代的冲击效果，花王特别邀请了著名搞笑艺人山崎静代作为广告代言人。或许认为山崎静代长得漂亮的人不多，但肯定有很多人都认为她"很可爱"。而且一般来说人们都难以想象会有企业找山崎静代做面向年轻女性的洗发水的形象代言人，所以这种反差也会给人留下深刻印象。

结果，Essential的品牌升级非常成功。图表3-11是Essential的市场份额推移指数图。假设2005年8月的指数为100，在2006年8月开始品牌升级之后，这一指数就上升到了160—180。而且20多岁的购买者比例大幅增加，将Essential作为主要品牌购买的忠实用户比率也增加了。超市也不再将Essential作为促销商品销售，Essential再次成为不用打折降价也能维持销量的名牌产品。

图表3-11 Essential 的市场份额推移

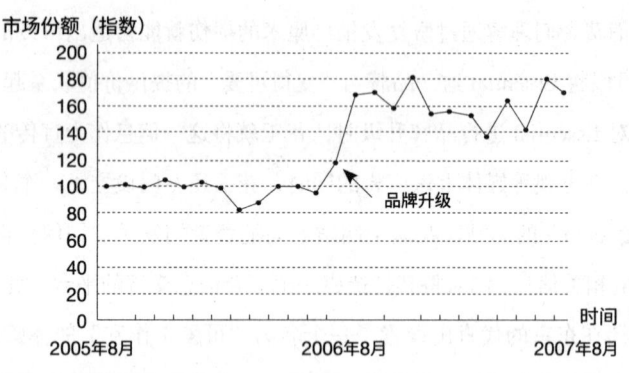

市场份额（指数）

[图表：2005年8月至2007年8月的市场份额推移，2005年8月设为100，2006年8月前后标注"品牌升级"，之后指数上升至140-180区间]

注：假设2005年8月的市场份额为100，根据流通经济研究所"全国POS数据指数"制作。

定位的7种方法

让我们以 Essential 品牌升级的案例为基础，更加深入地思考一下市场营销战略的理论。

在市场营销战略中，STP 是非常重要的因素。S 指的是 Segmentation、T 指的是 Targeting、P 指的是 Positioning。

图表3-12 市场营销战略的 STP

- Segmentation
  市场细分
- Targeting
  决定目标顾客
- Positioning
  为了在目标顾客群体的心中占有一席之地，强调自身与其他产品之间的不同之处

Segmentation 的意思是将市场细分化，也就是把市场分为多个部分。Targeting 的意思是瞄准被分割的那个部分，也就是确定目标。明确了目标顾客之后，为了让自己的产品在目标顾客心中占有一席之地，就必须明确产品的特征和形象。这个过程就是 Positioning（定位）。

下面我们通过 STP 三要素对 Essential 的案例重新进行一下整理。

在洗发水领域，通常是按照性别和年龄段为基准对市场进行细分，在 Essential 的案例中也是如此。至于目标顾客，在品牌升级之前，Essential 的核心顾客是40多岁的家庭主妇，而在决定品牌升级之后，就将目标顾客群体设定为"经常烫发和染发使发质损伤的20多岁的年轻女性"。

接下来就是定位。为了在目标顾客群体的心中占有一席之地，必须强调自身与其他产品之间的不同之处。

定位的方法主要包括：①强调自身具有的优势和特征（先进性）；②强调自身的不同之处（唯一性）；③改变战场。具体的方法如图表3-13所示，共有7种具有代表性的方法。

1—4分别是根据产品属性、功能、心理因素、提供价值进行定位，这些都是强调自身具有的优势和特征的方法。笔者将依次为大家进行说明。

方法1："根据产品属性定位"，是聚焦产品物理属性进行定位的方法。比如在电脑和数码相机等产品领域，经常用"体积最小""重量最轻"来进行宣传。这就是根据产品属性进行定位的典型案例。

方法2："根据功能定位"，是 Essential 曾经使用过的方法。Essential 就聚焦于修复损伤、保护发质的功能来对产品进行定位。

图表3-13 定位的七种方法

> 强调"先进性"和"唯一性"
> 1. 根据产品属性定位
> 索尼的"HDR-HC3":"世界上最小、最轻"的高清摄像机
> 2. 根据功能定位
> 品牌升级之前的 Essential:"修复损伤"
> 3. 根据心理因素定位
> 三得利"ALL FREE":提供心理上的满足感
> 4. 根据提供价值定位
> 日产 Serena:"回忆比东西更重要""加深家族感情"
> 改变战场
> 5. 根据用途和目的定位
> 朝日饮料"wonder morning shot":早晨专用的罐装咖啡
> 6. 根据产品的种类定位
> 日清食品"cup noodle":在美国市场定位为"速食汤"
> 7. 根据市场地位定位
> 租车公司 Avis:We're only No.2.We try harder.

方法3:"根据心理因素定位"的典型案例当属三得利的发泡酒"ALL FREE"。在三得利之前,麒麟推出的"FREE"就将焦点放在啤酒的替代品上,消费者们都已经习惯了在不能喝啤酒的时候就喝"FREE","FREE"抢先占据了啤酒替代品的定位。与之相对的,三得利的"ALL FREE"则将焦点放在"白天工作告一段落时,喝一杯 ALL FREE 来犒劳一下自己"这种心理的满足感上,从而实现了精准定位。

方法4:"根据提供价值定位"的典型案例是日产汽车的"Serena"。"Serena"一贯坚持提供"回忆比东西更重要""加深家族感情"的顾客价值。也就是不靠汽车本身的属性,而是通过为顾客提供的价值来进行定位。

方法5—7都是通过改变战场进行定位的方法。

方法5："根据用途和目的定位"的成功案例之一是朝日饮料前几年推出的罐装咖啡"wonder morning shot"。当时罐装咖啡市场上已经有"Georgia"和"boss"等强大的竞争对手，而"wonder morning shot"打出了"早晨专用"这张牌，巧妙地转移了战场（用途和目的）。因为之前市场上从未有过早晨专用的罐装咖啡这种产品，所以"wonder morning shot"成功地在顾客心中拥有了独特的定位。

方法6：日清食品的"cup noodle"就是"根据产品种类进行定位"的成功案例之一。"cup noodle"虽然在日本被分在杯面的种类之中，但在进军美国市场时却被定位在速食汤的种类之中。因为在袋装方便面很常见的日本，定位为杯面可以更加显眼，但在几乎没有袋装方便面的美国，杯面这一商品种类恐怕很难被当地的消费者接受。但美国"速食汤"的市场很大，如果定位成"有很多配料的速食汤"则肯定能受美国消费者的欢迎。这就是在日本和美国都通过改变战场（产品种类）取得成功的典型案例。

方法7："根据市场地位定位"的典型案例是强调自身在市场的领先地位。但也有像租车公司"Avis"那样，通过强调自己是行业第二，会不断努力提供更高品质的服务来进行定位的情况。

聚焦提供价值重新设计品牌

Essential原本是以护发这一功能上的便利为基础的长销品牌，在品牌升级后，Essential的定位发生了怎样的改变呢？让我们一起来看一下。

图表3-14将定位的特性从下到上分为"物理属性""功能便利""心理因素""顾客价值"四个阶段。越往上越抽象，越往下越具体。

图表3-14 定位的特性

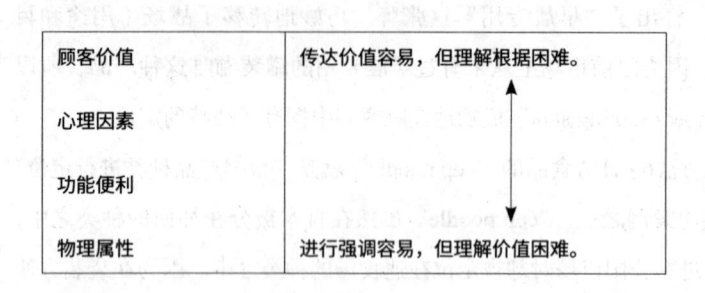

顾客价值	传达价值容易，但理解根据困难。
心理因素	↕
功能便利	
物理属性	进行强调容易，但理解价值困难。

物理属性像重量、厚度等大多可以用数字来具体表示。而功能便利也可以像Essential"保护角质层"的宣传那样，对功能进行具体的说明。但像ALL FREE那样强调"犒劳自己"的心理因素和顾客价值，想通过数值或文字来具体说明就非常困难。

在思考定位时，将焦点放在物理属性上，拥有容易强调的优点。"世界最轻"的特征，任何人都很容易理解。但"世界最轻"的特征能够给自己带来什么价值，这一点就不那么容易理解了。如果是笔记本电脑的话，重量轻意味着便于携带，这还比较好理解；但如果是台式机的话，强调"世界最小、最轻"，则让人难以理解能够带来怎样的顾客价值。

此外，如果将焦点放在顾客价值上，虽然更容易传达价值，但要想让顾客理解为什么具有价值的根据则比较困难。

比如，前文中提到过的日产Serena，一贯强调的是"回忆比东西更重要""加深家族感情"的顾客价值。但仅凭这个信息,顾客很难理解为什么 Serena 能够加深家族感情。

因此需要通过电视广告,播放全家人其乐融融一起驾车出行的画面,体现 Serena 车内空间大,驾乘方便、舒适的特性。这样就可以让顾客明白,全家一起驾驶 Serena 出行,能够创造美好的回忆,加深家族感情。

再来看 Essential,本来 Essential 的定位是修复损伤,而重新定位后,Essential 将焦点集中在"可爱"的顾客价值上。虽然修复损伤和角质层保湿成分的功能便利以及物理属性没有变化,但将定位的方法变更为以顾客价值为基础上。

但花王必须要让顾客理解为什么 Essential 能够提供"可爱"这个价值,否则就毫无意义。为了缩小两者之间的差距,Essential 在宣传中强调"修复发梢15厘米,让你能够随心所欲打理发型,变得更加可爱",将新价值与"修复损伤"和"角质层保湿成分"等产品原有的特征结合到了一起。

图表3-15 Essential 的重新定位

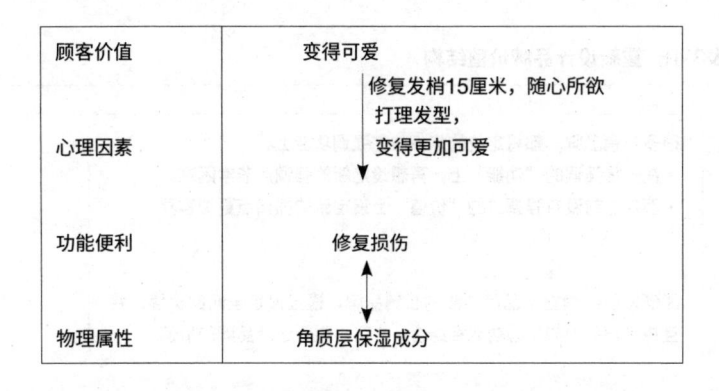

顾客价值	变得可爱
心理因素	修复发梢15厘米,随心所欲打理发型,变得更加可爱
功能便利	修复损伤
物理属性	角质层保湿成分

结果，花王成功地将"变得可爱"的顾客价值与 Essential 的品牌联系到了一起，让目标顾客理解了使用 Essential 就能"变得可爱"这一顾客价值。

很多像 Essential 这样的长销品牌，都将定位的焦点放在强调功能上。因为以前通过物理属性和功能便利就能有效地实现差异化。然而，这样做也很容易被其他竞争对手模仿，使自身的差异化优势越来越小。

在这种情况下，就不能只依靠功能便利，还要聚焦于心理因素和顾客价值，适时地改变定位。但由于顾客价值十分抽象，难以和品牌联系在一起，所以为了让顾客感觉到价值能够真正实现，将抽象的价值与具体的功能便利和物理属性联系起来非常重要。

Essential 的事例告诉我们，即便是已经确立了品牌形象的长销品牌，通过设定全新的价值，并且将其与品牌的核心功能相结合，也可以重新设计品牌的价值。

正如前文中提到过的那样，Segmentation、Targeting、Positioning 是市场营销战略中的重要概念。花王在重塑 Essential 品牌之际，重新设定目标顾客和改变产品定位这两个策略都发挥了重要的作用。通过这个案例，大家应该可以理解 STP 的重要性。

图表3-16 重新设计品牌价值结构

> 很多长销品牌，都将定位的焦点放在强调功能上。
> - 在一贯强调的"功能"上，再想设定新的强调点非常困难。
> - 而在之前没有强调过的"价值"上设定新的强调点更加容易。
>
> ↓
>
> 即便是已经确立了品牌形象的长销品牌，通过设定全新的价值，并且将其与品牌的核心功能相结合，也可以重新设计品牌的价值。

第四章

战略的整合性
——JAPANET TAKATA 的3C 和4P

内田和成

JAPANET TAKATA 为什么能成为日本第一的通信销售公司

只要掌握了基础的理论框架（请参考第一章），就可以对企业的成功和失败案例进行分析，从中得到启发。接下来，笔者将通过通俗易懂的案例为大家介绍"战略分析的3C"和"市场营销的4P"，本次选取的案例是 JAPANET TAKATA。

JAPANET TAKATA 是由创始人高田明社长亲自在电视台的电视购物节目中销售家电产品和计算机的通信销售公司。想必大家也都在电视上看到过。最初 JAPANET TAKATA 只是一家位于长崎佐世保市的一个小型相机专卖店。1990年开始通过收音机进行销售，1994年开始尝试电视销售。随后取得飞速的发展，2010年的销售额超过1600亿日元，成为日本第一的通信销售公司。

笔者在大学和商学院上课时，每当问到"有人听说过 JAPANET TAKATA 吗"，几乎所有人都会回答"听说过"。但当笔者继续问"有人在 JAPANET TAKATA 上买过东西吗"，举手的人则寥寥无几。

那么，到底是谁在通过 JAPANET TAKATA 买东西呢？JAPANET TAKATA 的竞争对手又是谁呢？这家公司有什么优势能够使其成为日本第一的通信销售公司呢？接下来，就让我们一起通过3C和4P的框架来对上述问题进行一下思考。

图表4-1 战略分析的3C

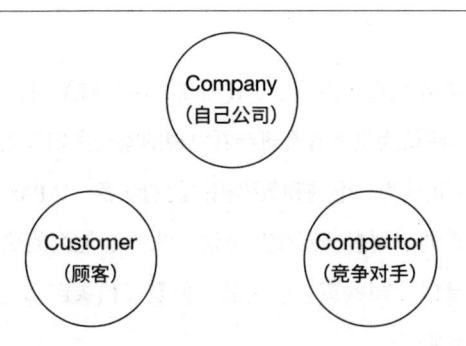

- Company（自己公司）
- Customer（顾客）
- Competitor（竞争对手）

图表4-2 市场营销的4P

Product（产品）	Price（价格）
产品	价格
服务	折扣
质量	支付条件
设计	信用交易等
品牌等	

Place（流通）	Promotion（促销）
渠道	广告
运输	POP
流通范围	积分等
选址等	

（首先将JAPANET TAKATA的相关资料发给参加者，再给参加者播放JAPANET TAKATA的电视购物节目，然后开始讨论）

3C 的各要素是什么

内田：首先请大家回答一下 JAPANET TAKATA 的顾客是谁？

参加者 A：我认为是经常有机会看电视的家庭主妇和老年人。

参加者 B：我认为是电脑和数码相机的初学者。JAPANET TAKATA 通过向这些潜在的消费者演示使用方法，来唤起他们的购买欲望。

内田：就是以希望购买这些商品，但是又怕买回来之后自己不会用的人为对象是吧。

内田：那么，JAPANET TAKATA 的竞争对手是谁？

参加者 C：随处可见的电器商行吧。

内田：你说的是松下电器、日立以及东芝的家电商行吧，大多开在闹市区。为什么呢？

参加者 C：从顾客的角度来看，JAPANET TAKATA 锁定的应该是不方便去电器商行购买电子产品的老年人。

内田：原来如此，对这些人来说，JAPANET TAKATA 就取代了电器商行。

内田：那么，JAPANET TAKATA 的经营资源是什么？

参加者 D：社长的宣传。

内田：即便是没有在 JAPANET TAKATA 买过东西的人，也听过高田社长的宣传，知道他长什么样子。他的宣传能力确实是别人难以模仿的，那么，他的宣传方式，会给观众带来怎样的影响呢？

参加者 E：他对产品的价格、规格以及需要注意的地方都说得很明白。

内田：会在 JAPANET TAKATA 上购物的人，对数码相机是否防抖，电脑的硬盘是不是500G等内容可能都不是很了解，但高田一定会将消费者必须了解的内容解释得很详细。

参加者F：我认为高田明具有制作娱乐性内容的能力。

内田：绝对不要以为电视购物节目不需要娱乐性。电视购物也和普通的电视节目一样，收视率是非常重要的指标。大家之所以收看JAPANET TAKATA，其实在一定程度上也是将其当作电视节目看的。就算不买，但只要收看的观众数量增加，这个数字就会反映在收视率上。实际上电视购物节目不仅需要购买者，即便不买但坚持观看的观众对电视台来说也同样重要。因为播放没有收视率的节目是没有任何意义的。

参加者G：我也认为高田很善于制作节目内容。比如他会先告诉观众商品的价格，然后再推出以旧换新和折扣等优惠。高田很擅长针对目标客户群体进行宣传，他应该是通过客户的反馈意见积累了相关经验。

内田：这就属于将4P中的促销策略和3C的经营资源要素相结合的做法。

JAPANET TAKATA的促销方法确实非常高明。高田有时候会直接说出商品的价格，有时候却迟迟不公布价格，吊观众的胃口。如果在公布价格的阶段让观众觉得"很便宜"，那么再宣布以旧换新抵扣1万日元，商家返现5000日元之类的优惠活动，就会让观众觉得非常划算。JAPANET TAKATA在如何报价才能打动消费者这一点上可谓是下足了功夫。

市场营销的特征是什么？

内田：那么，通过JAPANET TAKATA购物的人，究竟是主动购物还是冲动购物呢？主动购物指的是已经决定购买电脑，然后观看JAPANET TAKATA的节目购买电脑。冲动购物则是在看电视的时候偶然看到JAPANET TAKATA的节目，看到上面说现在大家都用40寸的液晶电视，然后感觉自己家的这个电视确实有点小或者有点旧，于是便买了台新电视。

大家觉得主动购物的人有多少呢？肯定不多吧。那么，大多数人还是接近于冲动购物。也就是说，只有因为想买东西才看电视购物节目的观众是远远不够的，还需要即便没有购物的计划也会习惯性地收看电视购物节目的观众，而且这部分观众的数量必须非常庞大才行。

接下来，请大家谈一谈对JAPANET TAKATA市场营销的看法吧。

参加者H：JAPANET TAKATA每次介绍的商品都很少。可能这样在采购时比较有优势吧。

内田：在一次节目中能够介绍的商品是有限的，最多也就五六个。虽然商品不多，但因为每个的销量都很高，这样就可以通过大批量采购来压低价格。

参加者I：JAPANET TAKATA介绍的商品都是大家熟知的品牌，比如富士通、尼康等。这些品牌为JAPANET TAKATA生产的商品都有一些独特的功能和设计，对消费者来说更有吸引力。

此外，销售这些大家熟知的品牌也能够消除观众的顾虑。而且JAPANET TAKATA还会首先介绍观众最关心的内容，比如电脑的设置、照相机的防抖功能等，消除了顾客的后顾之忧。

内田：松下、丰田、本田等知名品牌在日本全国各地都能买到，这些都是家喻户晓的品牌。与之相比没什么知名度的品牌则被称为不知名品牌。还有一种自有品牌，指的是零售店自己的品牌。比如7-11自营的牛奶、冰激凌、面包等就属于自有品牌。JAPANET TAKATA销售的商品都是知名品牌，可以说是其最大的特征。

大家再想一想其他通信销售公司的电视购物节目。卖的大多都是"南洋产的黑珍珠项链，使用非常稀有的11毫米珍珠制作"之类的商品。但我们根本不知道黑珍珠是否具有很高的价值，也不知道11毫米的珍珠究竟算大算小。要不然就是卖从来没听说过的设计师设计的时装。绝大多数的通信销售公司卖的都不是知名品牌，而是自有品牌或者不知名品牌。

与之相比，JAPANET TAKATA卖的都是知名品牌。这样一来，就省去了对商品和品牌的可信度进行说明的麻烦。

如果我成立一个数码相机公司，因为谁也没听说过内田数码相机公司，所以我必须先介绍内田究竟是何许人也，打消顾客对内田数码相机的疑虑。

从这个意义上来说，JAPANET TAKATA只销售知名品牌，可以说是一个很大的特点。关于这一点，我将在后面详细说明。

参加者J：我认为JAPANET TAKATA不单一销售而是配套销售的方法也很关键。

内田：没错。配套销售是一个很重要的关键词，让我们来详细地分析一下。比如，销售电脑的时候，他们会将电脑、打印机、数码相机、存储卡、无线路由这五种商品配套销售。这对初次购买的人来说非常方便，可以一次性买全所有需要的商品。

但对第二次购买的人来说，这种套装就没那么划算了。比如，家里已经有了打印机和数码相机的人，再买这种套装就是在浪费钱。一般来说想换电脑的人只是想升级一下主机。就算想同时更换一个打印机，也会自己去挑选。

而 JAPANET TAKATA 将商品配套销售，也正如前面提到过的那样，是为了将顾客锁定为初次购买的群体。

价格是高还是低

内田：JAPANET TAKATA 销售的商品，价格究竟是高还是低呢？认为高的人有多少？认为低的人呢？差不多是一半一半。那么，请双方都陈述一下自己的意见。

参加者 K：我认为 JAPANET TAKATA 的商品价格既不高也不低，而是在合理的价格区间上下浮动。单看某一件商品的价格还算比较便宜，但配套购买的话，价格就不便宜了。

参加者 L：我感觉价格有点高。因为我也认为 JAPANET TAKATA 的竞争对手是电器商行，所以 JAPANET TAKATA 的商品价格相对量贩店更高。但 JAPANET TAKATA 为初次购买的顾客提供的服务非常到位。

内田：那么，JAPANET TAKATA 的价格与家电商行相比是高还是低呢？

参加者 L：JAPANET TAKATA 更便宜。

内田：我也这么认为。只要和家电商行的价格进行一下对比就会发现，JAPANET TAKATA 的价格要便宜得多。但 JAPANET TAKATA 比量贩店的价格高。如果去 BIC CAMERA 和友都八喜这些家电量贩店的话，能以更低的价格买到同样的商品。

顺带一提，我就经常网购，但我几乎不在 JAPANET TAKATA 上买东西。为什么呢？因为 JAPANET TAKATA 的商品不一定是最便宜的。每当我在 JAPANET TAKATA 看到价格比较划算的商品时，我就会立刻登录比价网站查询这个商品，结果就会发现卖得更便宜的地方。而且像 BIC CAMERA 和友都八喜这样的地方，都比 JAPANET TAKATA 价格更低。

所以对我来说，JAPANET TAKATA 在价格上并没有优势。但对经常在电器商行购买商品的人来说，JAPANET TAKATA 明显便宜不少。由此可见，商品的价格究竟是"高"还是"低"，是由将谁当作竞争对手，以及对顾客的价值决定的。请务必牢记这一点。

参加者 M：我认为分期付款的话是否需要缴纳手续费也很关键。

内田：就是免息分期吧。其实利息可能从一开始就被算在商品的价格中了，但在观众看来，一台价值6万日元的电视，可以60个月免息分期，相当于每个月只要1000日元就能买下来，肯定感觉很便宜。

不仅价格便宜，JAPANET TAKATA 还在刺激观众的购买欲望上下足了功夫。正如前面提到过的那样，高田社长在最初价格的基础上还会不断地用各种优惠来下调价格，就是为了激发购买欲。

配套销售会使谁受益

参加者N：针对价格这个问题我想补充一点，那就是我认为JAPANET TAKATA的价格并不透明，比如配套销售、特供商品等。我以前想买个吸尘器，也和内田先生一样记住了电视上的商品，但在网上搜索不到相同的型号。因为这是厂家专门为JAPANET TAKATA生产的特供商品。当时我对几种型号进行了比较，发现JAPANET TAKATA的价格并不便宜。所以我感觉JAPANET TAKATA通过销售特供商品，使价格变得不透明。

内田：没错，你说到点子上了。

那么，让我们换个角度，从为JAPANET TAKATA提供特供商品的知名品牌的立场上思考这样做有什么意义。

参加者O：如果销售价格太低，商品的价值就会下降。

内田：是的，知名品牌对维护自己的品牌价值十分重视。但商品不一定每次都能顺利地按照定价卖出去，所以一般来说，数码相机每半年、电脑每三个月都会进行更新换代，因为产品更迭快，就容易吸引消费者购买。

不过知名品牌这样做也会面临一个很大的困扰，那就是既想维持品牌形象，又想将之前剩余的商品全都卖光。但简单的降价销售显然不行，因为一旦经常降价销售，就会给消费者留下"这个品牌经常降价"的印象。所以对于剩余的商品，要么直接报废处理，要么找个渠道悄悄地卖掉。

在这种情况下，JAPANET TAKATA的优惠价格和配套销售究竟有哪些好处呢？

参加者P：通过配套销售的折扣，使每个产品的价格变得不透明。

内田：正是如此。比如配套销售的电脑，消费者无法知道电脑、打印机、数码相机各自的价格是多少。因为知名品牌不可能自己主动降价销售，所以再也没有比JAPANET TAKATA更理想的销售渠道了。

除了配套销售之外，JAPANET TAKATA还提供以旧换新服务。不管是旧冰箱、旧洗衣机还是旧数码相机，甚至损坏的胶卷相机都可以拿来抵值。这实际上就是一种折扣。只不过直接说"打折"会损坏知名品牌的品牌形象，而用"以旧换新"的说法，就不会给顾客留下"大甩卖"的印象。

知名品牌可以通过JAPANET TAKATA处理自己的积压产品，而热门商品就没有必要特意拿到JAPANET TAKATA上面去卖。因为热门商品根本不愁销量。只要仔细观察一下就会发现，虽然在JAPANET TAKATA上有索尼、夏普、佳能等知名品牌的商品，但每一个都不是时下最热销的商品。

不过对初次购买的顾客来说，能够以低廉的价格购买到与热门商品相差无几的商品，而且在售后服务上有保障，就已经足够了。

参加者Q：也就是说，配套购买为顾客提供的价值就是"安心"。

而且高田社长在电视上对产品进行说明时还夹杂着方言，给人一种很亲近的感觉。

图表4-3 JAPANET TAKATA"配套销售"的意义

```
顾客（初次购买）的不安
• 不知道应该买什么，不知道应该如何搭配。
                    ↓
通过"配套销售"解决上述问题
• 通过将必要的商品一次性备齐，为消费者提供"安心"感。
                    ↓
供货商（知名品牌）的烦恼
• 不想降价销售破坏品牌形象。
                    ↓
通过"配套销售"解决上述问题
• 将多个品牌的商品组合在一起销售，使顾客无法得知单个商品的
  价格。再通过"特供商品"使顾客难以进行价格比较，以及借"以
  旧换新"之名行"降价销售"之实。
```

内田：其实是有两个层面上的"安心"。一个是"只要买了这一套就可以安心了"的面向初次购买顾客的配套销售所提供的安心感。还有一个就是高田社长的语言魅力，给人一种"这个人绝对不会骗人"的安心感。

我虽然从没在JAPANET TAKATA上买过东西，但有一次真的差点就买了，当时高田社长正在推销一款摄像机。摄像机在儿童运动会、才艺表演大会、毕业典礼、入学仪式等时期销量非常高。一般来说，家长买摄像机都是为了拍摄孩子的影像，但高田社长却给出了一个完全不一样的建议。

他说，当孩子长大成人之后，看到自己小时候的影像，最高兴的并不是看到自己，而是看到当时还很年轻健康的父母。所以买摄像机

有时候也是为了保留自己的影像。

被他这么一说，我差点就冲动购物了。虽然我家里当时已经有三四台摄像机，但我仍然被他打动了。高田社长的话术，是其他通信销售公司完全无法模仿的。

在公司内部积累优势

参加者R：在"自己企业经营资源"这个问题上，我认为JAPANET TAKATA很注重在公司内部积累经验。比如，他们从不委托别人制作节目，而是自己准备一个演播室，自己制作节目。

内田：JAPANET TAKATA在长崎县的佐世保市建造了一个设备非常完善的演播室，并且自己制作节目。那么，这种做法从成本的角度来看，是高还是低呢？

参加者S：虽然没有具体地计算过，但我觉得成本会更低吧。委托别人制作节目，要想满足自己所有的想法，肯定要花费不少的成本，而且效率也不高。所以我觉得自己拥有演播室很有必要。

内田：自己准备演播室乍看起来好像成本很高，但从长远来看是能够降低成本的。不过修建演播室的初期成本很高，而且后续的维保费用也不低。

参加者T：直播也是关键。正因为自己拥有演播室，才能实现直播。

内田：正是如此。直播是非常重要的因素。直播的销量比录播要高5倍，但要想通过电视台的演播室面向全国直播是不可能的。比如周一上午9点到10点在东京电视台直播，10点到11点在札幌电视台直播，11点到12点在仙台电视台直播，12点到13点在福冈电视台直播，这完全做不到吧。

而在位于佐世保的总部自己准备一个演播室的话，高田社长就可以在这里实现在不同电视台直播的无缝切换。这样做不但可以最大限度地利用高田社长的时间，还可以积累员工们的直播经验。

因为JAPANET TAKATA将在公司内部积累经验看作是自身的优势所在，所以更会积极地自己去做。

"合适的价格"因顾客和竞争对手而异

内天和成：接下来，让我们将大家之前提到的关键词进行一下整理。

关于市场营销，可以从产品（Product）、价格（Price）、流通（Place）、促销（Promotion）的4P分别进行思考。

首先从产品的角度来看，JAPANET TAKATA主要销售知名品牌，而且每次销售的种类很少。

如果竞争对手是量贩店的话，这样做肯定会败下阵来。因为对常去家电量贩店购物的顾客来说，在JAPANET TAKATA购物时无法进行比较。同一个时间段内的节目，不会出现竞争商品。比如在节目的前半段销售索尼的BRAVIA，后半段销售夏普的AQUOS，这样的情况绝对不会出现。这就导致顾客没有选择的余地。想买电视的话，今天就只能买夏普，明天就只能买索尼。这和量贩店相比绝对是非常大的缺点。

以液晶电视为例，夏普有高、中、低三种不同档次的产品，包括从16英寸到60英寸的10多个种类。但在 JAPANET TAKATA 的节目中，最多只会介绍其中的3种。

再来看价格。因竞争对手不同，对价格的看法也完全不同。如果以量贩店作为竞争对手，那 JAPANET TAKATA 的价格绝对算不上便宜。但如果以电器商行作为竞争对手，其价格就要便宜得多。

接着是流通渠道。因为 JAPANET TAKATA 只做通信销售业务，所以没有实体店铺。销售渠道只有电视、收音机、互联网。

最后是促销。通过上述媒体打广告可以算是促销的手段之一，与此同时，将商品配套销售以及为观众详细介绍产品的使用方法，也是非常重要的促销手段。但要说 JAPANET TAKATA 最大的促销手段，莫过于高田社长无人能及的话术了。

图表4-4 JAPANET TAKATA 的4P

Product（产品）	Price（价格）
▪ 知名品牌 ▪ 少数种类 ▪ 没有热销商品 ▪ 特供商品	▪ 比家电量贩店贵，但比电器商行便宜（不以有经验的顾客作为目标） ▪ 激发购买欲的表现形式（免息分期、以旧换新抵值折扣）
Place（流通）	Promotion（促销）
▪ 电视、收音机、互联网、商品手册、报纸广告等	▪ 为顾客讲解使用方法 ▪ 提供安心感（配套销售、售后服务） ▪ 引诱顾客冲动购物

图表4-5 JAPANET TAKATA 的3C

> **Company（自己公司）**
> - 社长的话术
> - 自己制作节目
> - 积累经验
>
> **Customer（顾客）**
> - 初次购买者（包括但不限于"家庭主妇""老年人""当地居民"）
>
> **Competitor（竞争对手）**
> - 电器商行（并非家电量贩店和网店）

接下来再从3C的角度对JAPANET TAKATA的竞争战略进行一下整理。

首先是顾客（Customer）。正如大家所说，JAPANET TAKATA的目标顾客群体是"初次购买的消费者"。

为了帮助我们更好地理解JAPANET TAKATA的目标顾客群体，需要用到罗杰斯的传播理论（图表4-6）。

图表4-6 罗杰斯的传播理论

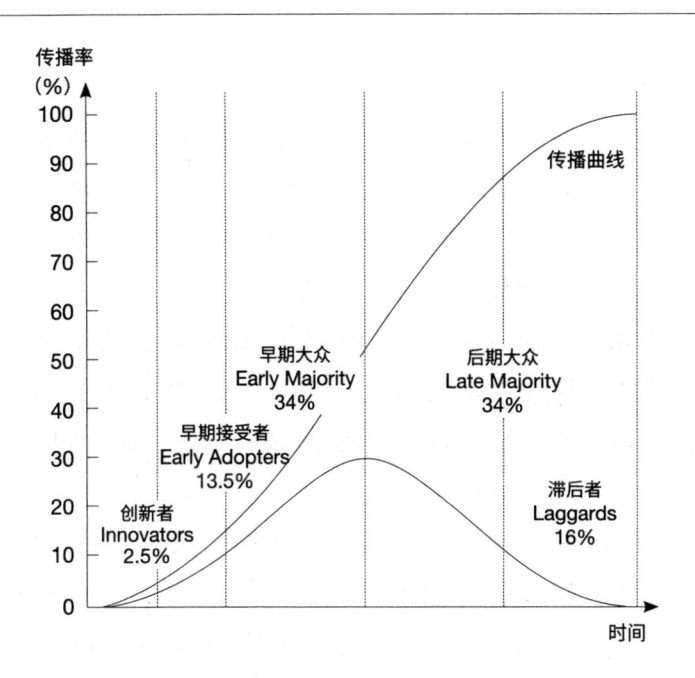

```
传播率
(%)
100
 90                            传播曲线
 80
 70
 60
 50        早期大众      后期大众
           Early Majority  Late Majority
 40        34%            34%
           早期接受者
 30        Early Adopters
           13.5%                滞后者
 20                             Laggards
      创新者                     16%
 10   Innovators
      2.5%
  0                                      时间
```

在这个理论中,最先购买新产品的人被称为"创新者"。他们甚至不知道这件商品是否好用,以及是否能够普及,就会直接购买。

紧接着是看到创新者购买之后,又在杂志或电视上看到对新产品的介绍而购买的"早期接受者"。

随后购买的人就多了起来,这部分人被称为大众消费者。大众消费者又分为早期大众和后期大众。

最后是等产品已经完全普及才购买的人,被称为"滞后者"。

时间

如果以普及率为纵轴，时间为横轴，那么上述内容将是一条正态分布曲线。将不同的部分作为目标客户，应该采取的市场营销方法也不同。创新者基本上对价格毫不在意，只想第一时间入手最新的产品。早期接受者对价格就有些在意了。而对于早期大众，企业可以采取降低价格、广告宣传等促销手段来增加销售额。

如果用这个理论来说的话，JAPANET TAKATA 的顾客相当于后期大众和滞后者。比如现在家里还没有电脑的人就属于滞后者。虽然也想买电脑，但让远在东京的儿子或女儿帮忙太麻烦，这样的人就会通过 JAPANET TAKATA 购买。

可能很多人认为 JAPANET TAKATA 的客户主要集中在东京以外的地区，但这样的话在东京电视台播放节目就没什么好处了。因为东京电视台的广告费非常高。如果东京地区没有顾客的话，JAPANET TAKATA 不可能一直坚持播放节目。由此可见，JAPANET TAKATA 的客户遍及全国各地。因此不能以年龄、收入、职业、地区等来划分客户，而是要根据购买特性划分。

其次是竞争对手（Competitor）。JAPANET TAKATA 的竞争对手是谁呢？不在 JAPANET TAKATA 上购物的人，大多在量贩店和网店购买。对这些人来说，JAPANET TAKATA 根本不在考虑的范围之内。那么，认为可以在 JAPANET TAKATA 上购物的人是什么样的人呢？答案是会在电器商行里购买电器的人。

电器商行虽然价格不便宜，但服务特别周到，售货员会十分详细地介绍产品的使用方法。这是电器商行最大的优点。

将劣势转化为优势

内田：那么，为什么以前在家电商行购物的顾客转而在JAPANET TAKATA上购物了呢？请大家思考一下这个问题。

参加者U：因为JAPANET TAKATA最早就是一家相机专卖店，能够把握顾客的需求，并且将其反映在了电视购物的节目之中。

内田：也就是说，JAPANET TAKATA很清楚在电器商行购物的都是哪些顾客，以及应该如何应对。确实如此。但对顾客来说，在电器商行购物时能够和售货员进行面对面的交流。为什么顾客会放弃面对面的优势，转而选择JAPANET TAKATA呢？

参加者V：因为家电商行的售货员不擅长介绍新商品。

内田：这是一个非常大的原因。JAPANET TAKATA销售的大多是电脑、摄像机、DVD、数码相机等电器商行不擅长销售的商品。电器商行擅长销售电冰箱、吸尘器、电灯之类的商品。电器商行最早就是销售这类商品，而且一旦出现故障还提供上门维修服务，有时候顾客可能还会直接买一个新的。

但随着数字化产品的发展，很多电器商行都难以再为顾客充分地说明商品的性能和用途。比如最新款电脑的CPU是什么，杀毒软件是什么，数码相机的防抖功能是在机身上还是在镜头上等，这些知识他们都不知道。

还有一个原因就是电器商行的价格太高。即便是初次购买的顾客，也知道量贩店的商品价格更便宜。但他们因为缺乏相关的知识，不知道去量贩店应该买哪一款，又找不到人咨询，害怕买了不合适的商品回来。对这样的顾客来说，JAPANET TAKATA通俗易懂的说明以及配套销售的方式就让人感觉非常安心。

虽然没有数字可以进行验证，但通过上述分析，不难发现JAPANET TAKATA之所以能够取得这么大的发展，并不是夺走了家电量贩店的顾客，而是将家电商行的顾客分流走了。

如果从这个角度来看的话，JAPANET TAKATA的商品种类少其实并不是缺点。电器商行的种类也不多，比如去松下电器的专卖店，就买不到夏普和索尼的产品。而且因为电器商行的面积并不大，所以里面摆的商品数量也很少，即便是超薄型的液晶电视，最多也就能摆个五六台。所以电器商行的商品种类同样不丰富，顾客也无法和其他品牌的商品进行对比。

事实上，顾客也不愿意对比。比如买数码相机，有的顾客不管是尼康的还是佳能的都无所谓，只要是单反相机就行。与其让他自己选择佳能还是尼康，不如直接给他推荐一个，顾客反而会很爽快地购买。从这个意义上来说，商品种类少是一种优势，而非劣势。

如果与量贩店相比，JAPANET TAKATA价格不便宜，商品种类还少，完全无法与之竞争。但JAPANET TAKATA根本就没打算和量贩店竞争。JAPANET TAKATA成功地让顾客相信，自己是花了量贩店的价格，享受到了电器商行的服务。

战略必须有整合性

内田：之前我们通过4P和3C对JAPANET TAKATA的成长理由进行了分析。我希望大家记住的，并不是JAPANET TAKATA具体做法的好与坏，而是战略整合的重要性。顾客是谁、有什么需求、应该提供什么、如何建立对竞争对手的优势地位、如何实现差异化。同时满足上述要求极为重要。这就是 JAPANET TAKATA 的案例教给我们的内容。

对于 JAPANET TAKATA 来说，像我们这样的创新者和早期接受者并不是他的目标顾客。所以在我们看来，他的价格不便宜，商品种类也很少。但没关系，因为我们根本就不是 JAPANET TAKATA 的目标客户。

那些稍微落后于时代，但仍然想要购买电子产品，又觉得量贩店门槛太高的人，才是 JAPANET TAKATA 的目标客户。而且 JAPANET TAKATA 将商品配套销售，并且仔细说明使用方法的销售方式，对这些人来说非常合适。

请大家务必记住战略整合的重要性。

战略必须能够解决"课题"

内田：那么，JAPANET TAKATA 今后还能继续发展下去吗？请大家讨论一下 JAPANET TAKATA 今后将面临哪些课题。

参加者 W：我认为 JAPANET TAKATA 的客户群体正在不断减少。因为信息早晚会传播到晚期大众和滞后者之中，所以这些人群的数量会越来越少。

内田：根据罗杰斯的传播理论，正态分布的右半部分大约占市场份额的50%，如果他的理论正确的话，那么晚期大众和滞后者的数量相当庞大。但在当今这个信息爆炸的时代，不管对数码产品多么陌生的人，只要知道有比价网站的存在，或许就不会再觉得 JAPANET

TAKATA 的价格便宜了。

参加者 X：高田社长的接班人水平如何也是个非常重要的因素，即便像我这样的外行也看得出来。

内田：这确实是个非常重大的问题。高田社长的口才非常好。他亲自出马的节目，销量肯定比别人高很多。虽然高田社长肯定也在努力地培养接班人，但两者之间的差距也非常明显。是否能够培养出和他一样优秀的人才，对 JAPANET TAKATA 今后的发展也至关重要。

参加者 Y：我认为适合 JAPANET TAKATA 销售的家电商品种类也越来越少。像液晶电视和数码相机这样简单易懂，而且对晚期大众很有吸引力的新商品几乎很少见了。

内田：这也是个很重要的问题。JAPANET TAKATA 之前销售的摄像机、DVD 播放器、液晶电视、电脑、数码相机等，都是当时的热门商品。今后还会不会连续不断地出现这样的商品，是个很大的问题。

而且 JAPANET TAKATA 的规模也越来越大，2010年的销售额已经高达1600亿日元。为了实现进一步的发展，他们必须不断地推出销售额达到200亿日元、300亿日元的核心商品。但真的能做到吗？

曾经有一段时间，JAPANET TAKATA 一直在卖电脑，而最近几乎不怎么卖了。是因为没有合适的电脑了，还是因为需要通过 JAPANET TAKATA 的顾客都已经买完了呢？大概是因为普及率已经达到饱和了吧。是否能够连续不断地出现适合 JAPANET TAKATA 销售的商品，也是个问题。

除此之外还有很多课题，但我们讨论的重点并不是 JAPANET TAKATA 未来的发展。在商学院的课堂上进行讨论时，不能只思考成功的原因，还要思考存在的课题和未来可能出现的问题。

在商学院学习的知识，如果不能应用在实际的商业决策中就毫无意义。战略的关键在于整合。但即便采取具有整合性的战略取得了事业的成功，也无法保证未来持续成长，所以必须继续思考接下来的战略。希望大家能够牢记这一点。

第五章

维持竞争优势

根来龙之

美国西南航空公司维持成功的秘诀

　　任何企业都希望能够实现差异化。如何降低价格？如何提高服务？如何提高顾客满意度？追求价值永远是企业最重要的目标。

　　但要想让成功一直维持下去，仅凭"以更低廉的价格提供更高品质的商品和服务"是远远不够的。不管建立起多么优秀的商业模式（事业结构），如果轻易就能被他人模仿，就只能取得一时的优势，而难以持久。也就是说，要想让商业活动取得持续的成功，就必须让别人难以模仿。

　　其他企业无法模仿的商业模式具有非常强大的威力。反之，容易被模仿的商业模式则因为很快就会被模仿而难以维持竞争优势。

　　那么，难以模仿性要如何实现呢？让我们通过美国西南航空公司的案例来进行一下思考。

　　西南航空是LCC（Low Cost Carrier，低成本航空公司）的先驱者。据说只要是居住在美国的人，都乘坐过他们家的飞机。

　　西南航空的特别之处在于其实现了持续的成功。从开始运营的第二年（1972）至今，一直处于黑字状态。在大型航空公司中，能够持续盈利的仅此一家。虽然西南航空只有国内航线，仍然在2008年取得了9921亿日元的销售额，相当于日本航空的一半（参见下一页图表5-1）。顺带一提，西南航空的年客运量约为1亿人次，排名世界第一。

图表5-1 2008年度各航空公司的收益比较

(单位：亿日元)

	西南航空	大陆航空	JAL	ANA	天马航空
销售额	9921	13717	19551	13926	423
营业利润	404	283	509	76	25
当期利润	160	527	632	43	20

出处：Yahoo 财经，西南航空、大陆航空等以1美元＝90日元计算（2008年12月末）

图表5-2是美国主要航空公司的营业利润率推移图。除了西南航空以外的大型航空公司，在2001年9月11日的恐怖袭击事件之后，业绩都出现了大幅的下跌。达美航空在2005年破产重组后，于2010年与同样破产的东南航空合并。大陆航空也在2008年出现赤字后于2010年与联合航空合并。2011年美国航空公司破产。在美国航空业的一片萧条的情况下，只有西南航空一直维持着黑字。

利用与现有巨头完全相反的经营战略开拓市场

一般来说，廉价航空公司的利润很少，但西南航空的利润却很丰厚。因为西南航空的自有资本利润率（ROE）平均约为30%，是美国航空业平均水平的约2倍。

西南航空的利润之所以比其他航空公司更高，是因为其运营成本低。如果大型航空公司的平均成本为100的话，则美国航空为98、西南航空为62。也就是说，西南航空的运营成本只有美国航空的六成（下一页图表5-3）。

图表5-2 大型航空公司的业绩比较（营业利润率）

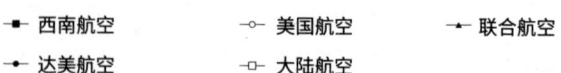

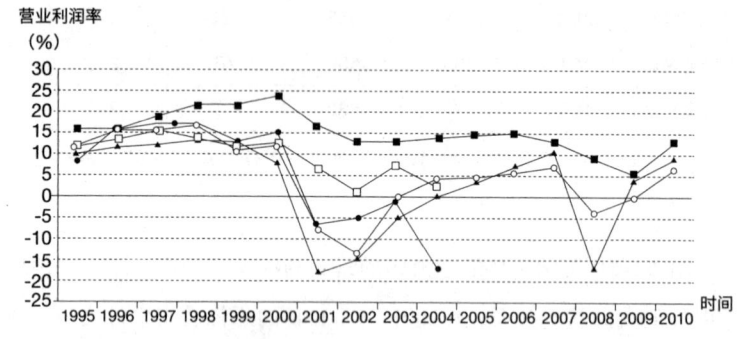

- 西南航空
- 美国航空
- 联合航空
- 达美航空
- 大陆航空

营业利润率（%）

出处：上述各航空公司的年度报告。2005年，达美航空根据联邦破产法第11章申请破产。2010年，大陆航空和联合航空合并。

图表5-3 航空公司的运营成本比较

131	107	98	97	97	89	62	50
全美航空	联合航空	美国航空	大陆航空	西北航空	达美航空	西南航空	捷蓝航空

平均每人每英里的运营成本（2003）
大型航空公司的平均值=100，柱状图表示2003年度的销售额规模。
出处：克莱顿·克里斯坦森（2005）《创新者的解答》讲谈社

  西南航空运营成本之所以这么低，是因为其采用了独特的经营战略。

  其他大型航空公司采取的是辐射式的运营方式。以大城市的枢纽机场为据点，从这里向其他小城市的机场发送航班。先将乘客集中在枢纽机场，再让乘客换乘前往小城市机场的飞机。美国国土广袤，有很多中小规模的城市。如果在美国所有的城市之间都开通直航的话，运行管理非常复杂，航空公司很容易受到乘客需求变动的影响。因此，其他大型航空公司才采用辐射式的运营方式。而且从与国际航线接轨的角度来看，设置枢纽机场也是非常合理的。

然而西南航空采取的运营方式却完全不同，西南航空采取的是在两个城市之间直航的点对点方式。1971年开始营业时，西南航空首先在得克萨斯州的达拉斯、休斯敦和圣安东尼奥之间开通了直航服务。现在，西南航空公司的直航网络遍布美国各地。比如在达拉斯和洛杉矶之间，美国航空1天有15个航班，而西南航空有40个航班。西南航空在得克萨斯州内的短程航班的票价是20美元，非常便宜。

西南航空采取的另一个经营战略是"第二机场主义"。美国大城市主要机场的起降权利都被其他的大型航空公司垄断了，没有西南航空的机位。因此，西南航空只能将中等规模的第二机场当作自己的据点。西南航空在美国二线城市之间的航空业务方面一枝独秀，占有60%以上的市场份额。

辐射式运输给乘客带来的不便

西南航空在创业之初的CEO是律师出身的赫布·凯莱赫。他认为辐射式运输虽然对航空公司来说效率很高，但对乘客来说却非常不方便。

辐射式运输将很多乘客强行送往枢纽机场转机。比如从得克萨斯的奥斯汀到相邻的科珀斯克里斯蒂，如果搭乘大型航空公司的飞机，首先要被送到休斯敦的枢纽机场，之后再搭乘去科珀斯克里斯蒂的飞机。于是，西南航空就在奥斯汀和科珀斯克里斯蒂之间开通了直达航线，获得了巨大的成功。

20世纪70年代后半段，时任美国总统的吉米·卡特放松了对航空行业的管制，美国大型航空公司纷纷开始采用辐射式运输的经营战略。在此之前，新企业很难进入美国的航空行业，为了降低居高不下的票价，卡特总统采取了自由化的政策。大型航空公司为了应对更加激烈的竞争，采取了以辐射式运输为主的经营合理化战略。这对于新入行的西南航空来说是一个非常大的机遇。

在放松管制之前，即便是州内的航线对新入行的航空公司也有严格的限制（但放松管制之后，新入行的航空公司甚至可以开通跨州航线）。

西南航空虽然成立于1967年，但正式开始通航却是在1971年。之所以拖了这么久，是因为一直在和阻挠其加入竞争的原有航空公司打官司。虽然这种情况对西南航空来说是个严峻的考验，但也有好的一面，那就是间接阻止了其他中小型企业继续进来参与竞争。

西南航空采取的点对点直航战略，与辐射式运输相比有诸多优势。如果采用辐射式运输方式，乘客必须在枢纽机场进行中转，但如果飞往枢纽机场的飞机晚点，中转的飞机就必须等待乘客抵达。而点对点的直航方式就没有这种问题。

即便乘客计划搭乘其他航空公司的飞机换乘西南航空的飞机，如果其他航空公司的飞机晚点，西南航空也不必等待这些乘客。因为西南航空采取的是自由入座，一日多次往返的运营方式，即便没搭上这一趟，可以搭乘下一趟，并不会给乘客带来太大的影响。

虽然西南航空不会等待其他航空公司的飞机，但西南航空的飞机一定会准点起降，是全美最遵守时间的航空公司。这一点对商务人士来说是最难能可贵的。

西南航空不仅把其他航空公司当作竞争对手，还把汽车运输也当作竞争对手。虽然加利福尼亚州的面积比日本还大，但美国人仍然喜欢开车来往于加利福尼亚的北部和南部之间。于是，西南航空开始想办法让飞机票的价格比开车更便宜。

维持低成本运营的秘诀在于检修时间短

西南航空公司使用的飞机只有一种，就是波音737系列。西南航空拥有700架以上的这种飞机。因为只使用这一种机型，需要检修的设备数量相对较少，检修人员也只需要掌握737系列的检修知识即可。而且检修人员一直检修同一种机型，随着熟练度的提升，检修时间也会大幅缩短。西南航空每次转机（从降落到再次起飞）的时间只有15分钟，而其他大型航空公司的转机时间都在40分钟左右。

西南航空不为乘客提供飞机餐，也不像其他大型航空公司那样由空乘将果汁倒在杯子里交给乘客，而是直接给乘客提供罐装饮料和花生米。因为不提供飞机餐，所以西南航空就不用在飞机上设置厨房，也不用在转机时往飞机上搬运食物。

西南航空没有行李转运服务，也就没必要等待其他航空公司的行李车。因为在各个环节都节省了大量的时间，所以西南航空的飞机只需要整备15分钟就能够再次起飞。

因为在机场等待的时间很短，所以飞行时间需要1小时的航线，其他航空公司1天只有5趟航班，而西南航空则可以有7趟航班。这就是西南航空票价便宜的秘诀。因为西南航空的飞机利用率非常高。

而且，西南航空的飞行员也通过改良驾驶方法尽量节省燃料的消耗。西南航空的飞行员被机场管制官称为"请求者"。因为西南航空的飞行员为了保证准点运行，尽可能飞直线航线，在效率最高的高度飞行，会不厌其烦地和机场管制官联系。

另外，西南航空的飞行员在起飞前会帮忙运送行李。空乘则负责机舱内的清扫工作。这在丰田生产方式中被称为多能工，而早在20世纪70年代，西南航空就已经开始采用这种方式了。

西南航空不仅机票价格便宜，还因为顾客满意度高而著称。保证准点起飞、丢失行李数量最少、乘客投诉率最低，只要分析一下西南航空的经营方式就会发现这是理所当然的。丢失行李大多发生在换乘飞机的时候，而西南航空不为其他航空公司的航班提供行李转送服务，因此也不可能丢失行李。另外，西南航空的航班不等中转乘客，不准备飞机餐，飞机检修时间很短，所以能够做到准点起飞。这样一来，乘客的投诉自然也会变少。

而且，西南航空的飞行员在飞机上的广播幽默也很有名。西南航空一直非常重视创业者精神，职场上下充满了幽默的气氛。在创业初期，西南航空的空姐制服都是热裤。即便现在，公司里也有很多员工以前做过乐队女郎或者啦啦队员。西南航空的创始人赫布·凯莱赫认为"如果不活跃航班的气氛，廉价航空公司就会显得穷酸、无聊"，他的这一想法在公司经营中也得到了体现。

西南航空还非常重视员工的企业文化。因为公司一直保持着黑字，所以除了创业之初解雇过3个人之外，西南航空再也没有解雇过员工（最初被解雇的3个人后来又被重新雇佣了回来）。西南航空的经营层提出"员工第一，顾客第二"的口号。这在美国的公司中是非常罕见的，因此西南航空的员工队伍很稳定。一般来说，廉价航空公司的工资低是不可避免的事实，但是西南航空的工资并不低。

为什么其他公司无法模仿

西南航空公司取得了非常大的成功，为什么美国其他的航空公司不模仿它呢？西南航空的经营模式并未申请专利。其他航空公司也知道它所采取的经营战略。为什么其他的航空公司不去模仿呢？

请大家谈谈自己的看法。

参加者A：美国其他的大型航空公司都已经树立自己的品牌形象，如果也采取廉价销售的策略，恐怕会使公司的品牌形象受损。

根来：确实如此。大型航空公司一直以来向顾客宣传的都是豪华的头等舱，如果突然向乘客宣布国内航线都改成自由入座，先来先得，而且不再提供飞机餐，会严重损害公司的品牌形象，因此大型航空公司很难采取廉价经营战略。

参加者B：西南航空已经在国内航线这个利基市场中确立起了品牌优势并实现了垄断，即便其他的大型航空公司采取同样的战略也无法与之竞争，所以就索性不去模仿。

根来：早在20世纪90年代，西南航空就已经确立了品牌形象，"国内航班中西南航空是最好的"这一印象在乘客心中根深蒂固。因此，其他航空公司难以参与到竞争中来。

就像日本的优衣库，在消费者心目中确立起了"物美价廉"的品牌形象。因此，即便是大型的服装量贩店也卖同样的商品，质量和价格都差不多，销量却远远不及优衣库。

参加者C：采取辐射式运输的航空公司如果转而采用点对点的直航方式，可能会影响到原有航线的营业额。或许是出于这种顾虑，其他大型航空公司才迟迟没有采取行动吧。

根来：害怕自相残杀吧。对于其他的大型航空公司来说，很难在之前一直飞大型飞机的航线和头等舱与公务舱销量很好的航线中引进低价格航班。西南航空不仅机票价格便宜，而且航班也很多。这意味着即便其他的大型航空公司模仿西南航空的做法，只飞一两架航班完全得不到相同的收益。而增加航班的话，就必须停飞其他的大型飞机，恐怕得不偿失。

参加者D：在其他大航空公司现有的经营资源中，除了波音737机型以外，还有大量其他机型的飞机。按理说这是他们的优势。然而，这些优势却成为他们加入点对点直航业务的障碍。

根来：事到如今美国其他的大型航空公司无法采取将客机限定在波音737系列上的战略，机型丰富反而成了劣势。

参加者E：老牌航空公司与新的航空公司相比，人均销售额更高。然而老牌航空公司要给员工缴纳养老保险、社会保险等，这些隐性成本非常高。因此，老牌航空公司很难采取低价格路线这种可能削减销售额的战略。

根来：现有的航空公司虽然运营成本很高，但销售额也很高。这种经营机制即便想改变也非常困难。

参加者F：现有的航空公司即便想停飞现在的航线、切换为点对点的直航，因为有很多障碍需要克服，很难在短时间内实现切换。

根来：需要克服的障碍中可能还包含政治因素，在切换航线时有可能受到来自政治上的压力。

参加者G：大型航空公司相互组成价格同盟，推出飞行常客奖励计划，花费大量成本构筑国际航线网。而西南航空只做国内航线，不必和其他航空公司组建同盟，因此成本很低。这一点是其他航空公司无法模仿的。

根来：如果和其他航空公司共同支持飞行常客奖励计划，会导致成本增加。西南航空的优势就在于只做国内航线。而经营国际航线的航空公司必须使用枢纽机场，所以想抛弃辐射式运输系统非常困难。

参加者H：一直以来，大型航空公司都是以其他航空公司为竞争对手。而西南航空则将公路交通当作竞争对手。这也是其他航空公司无法模仿西南航空经营模式的一个重要因素。

根来：西南航空的目标价格对大型航空公司来说实在是太低了。即便其他大型航空公司想模仿西南航空的运营模式，也无法把成本降到那种程度。就像日本的大型百货商店属于高成本运营的模式，即便有人建议其"按照优衣库的模式来运营就可以赚钱"，大型百货商店也难以做到。

参加者I：我听说西南航空拥有员工自主判断、主动工作的企业文化。其他的大型航空公司因为历史悠久，想转变经营作风和企业文化应该相当困难吧。

根来：西南航空的企业文化很有竞争力。以检修时间为例，西南航空建立的机制确实能够缩短检修时间，但检修人员高涨的工作热情也进一步提高了检修的效率。西南航空的每个员工都清楚只要自己这样做就能够战胜其他公司。这种效率意识在每个员工的脑海中根深蒂固，所以工作效率自然就会提高。

参加者J：其他行业的竞争对手也很难进入航空行业，因为需要的初期投资过于巨大。

根来：一般来说，有丰厚的利润的行业，如果行业壁垒很低的话，其他行业的企业会不断加入进来。比如，飞速发展的计算机硬件行业，就有很多其他行业的企业加入竞争。但航空行业比较特殊，其他行业的企业很难参与进来。

参加者K：其他行业的企业要新加入航空行业的话，会受到各种各样的限制，要向老牌航空公司发起挑战非常困难。

根来：虽然前面提到过美国航空行业的自由化有了很大的进展，但目前新企业加入仍然需要审批。所有需要审批才能加入的行业，虽然表面上竞争激烈，但实际上非常赚钱。比如日本的电信业，三大电信运营商的利润率非常高，与电脑行业完全不同。

大家提出了很多自己的观点，通过上述讨论可以看出要想模仿西南航空的商业模式非常困难。

西南航空的过人之处在于在没有申请专利的情况下连续40年让其他企业都难以模仿。

虽然专利具有强大的力量，但有专利也不一定能够保证竞争优势。比如，施乐在复印机领域的专利技术非常强大，连同相关专利都算在内多达数百个。但不到10年时间，佳能也加入了复印机市场的竞争。专利有时候能够维持竞争优势很长时间，但有时候也很容易被攻破。

而且西南航空虽然是廉价航空公司，却并没有打消耗战。西南航空拥有即便低价销售机票仍然能够盈利的商业模式，这是其他航空公司无法模仿的。

部分模仿没有任何意义

接下来，我们从理论的角度，对西南航空难以模仿的商业模式进行一下分析。西南航空最大的特征就是构成商业模式的各个要素之间存在着紧密的联系。

图表5-4（见下一页）是笔者根据哈佛商学院的迈克尔·波特提出的活动系统图制作的西南航空的活动系统图。笔者对图中的各要素进行了分类。正方形是从顾客角度看西南航空的特征和优势，六边形是公司内部积累的经验和系统，也就是资源。

图表5-4 西南航空的活动系统图

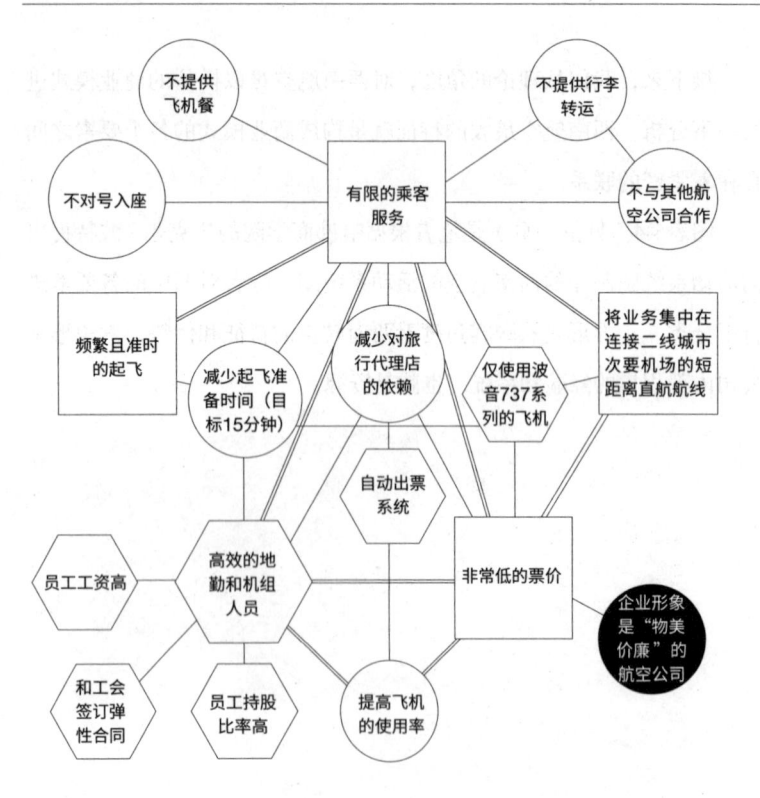

符号示例：〇资源，○活动，□差异化，●追求的事业形象
出处：对波特（1999）的图进行了修改

　　正方形中的"有限的乘客服务"是指不提供飞机餐，也不对号入座，行李转运以及与其他航空公司的转机服务也没有。乍看起来似乎很不方便，但这些做法都得到了乘客的理解。因为机票的价格非常便宜，而且保证准点起飞。

　　此外，西南航空还采取了将业务集中在连接二线城市次要机场的短距离直航航线上的特化战略，明确了自己的定位。也就是说，关键不在于要做什么，而在于不做什么。正因为不经营国际航线，才使得西南航空的经营模式成为可能。而且在国内航线上，西南航空也主要集中在连接二线城市这部分市场，充分地利用了公司只使用737机型的优势。正如刚才大家指出的那样，对其他大型航空公司来说，国际航线是他们的摇钱树，所以不可能舍去国际航线，统一采用波音737这一种机型。因此，大型航空公司要想缩短检修时间可没那么简单。

正因为能够在15分钟内完成检修工作，西南航空才能够更频繁地发送航班。虽然日本的廉价航空公司也打算模仿西南航空的做法，但现状是从东京飞往福冈的航班，返航在第二天早上。这样一来即便能够在15分钟以内完成检修工作也没有任何意义。检修所花费的时间确实可以减少，但如果不能因此增加一天内的航班数，就算缩短检修时间也无法提高飞机的使用率，自然就无法大幅削减运营成本。

西南航空为了能够在最短的时间内完成检修工作，创建出"员工第一"这一独特的企业文化，花费几十年的时间培育出优秀的地勤和机组人员。西南航空几乎没有解雇过员工，所以员工们也认为"只有我们一直是黑字，必须守护这个传统"，这种极高的工作热情有助于提高飞机的使用率，节约燃油消耗。当然，只使用波音737系列以及不提供飞机餐也是实现高使用率的重要因素。

也就是说，西南航空的商业模式之所以难以模仿，是因为其经营活动和经营资源之间存在着紧密的联系，形成了一个完整的系统。因此，只模仿西南航空经营活动和经营资源的一部分是没有意义的。只要导入波音737系列飞机就能像西南航空那样持续盈利吗？回答是否定的。

而且，即便也效仿西南航空在二线城市的次要机场之间开通直航航线，也难以在短时间内开通大量的航班数量。西南航空用了30多年的时间，不断地收购中小航空公司，才保证了自己的起降额度。新加入的企业就算想模仿，最初一天也只能飞3—4趟航班。以日本的航空公司为例，如果天马航空在东京和福冈之间一天能有20趟航班的话，一定能成为更成功的航空公司。但想大幅增加起降额度非常困难，所以仅凭缩短检修时间对削减成本的效果十分有限。

西南航空正是因为拥有上述所有的经营要素，才难以被模仿。即便没有专利，但只要能建立起难以被模仿的商业模式，就能维持自身的竞争优势。西南航空堪称这一经营模式的典范。

构筑竞争优势的三层结构

实现企业竞争优势的要素，大体上可以分为"资源""活动""差异化"三个层级。通过使用"资源"的"活动"来实现"差异化"，图表5-5（见下一页）就是这一流程的模型图。

图表5-5 差异化系统：资源⇔活动⇔差异化

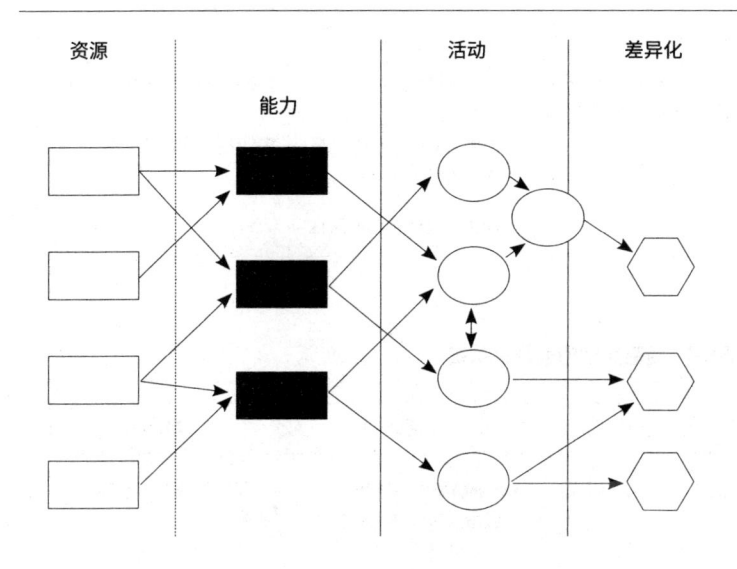

| 资源 | 能力 | 活动 | 差异化 |

让我们将西南航空套入这三层结构之中。"差异化"就是"频繁且准时地起飞""非常低的票价""有限的乘客服务"。

"资源"指的是花费几十年的时间培养出来的"高效的地勤和机组人员"。高效的地勤人员因为拥有丰富的工作经验，所以模仿起来极为困难。要想全面地模仿西南航空的商业模式，就必须一次性雇用大量经验丰富的检修人员。这一点和丰田十分相似。在丰田的工作现场，也拥有大量经验丰富的员工。这样的员工都是非常宝贵的资源。

PART I 战略思维的基础 111

图表5-6　三位一体结构是维持竞争优势的主要原因

资源	活动	差异化
追求要素资源的难以模仿性 追求要素资源的协同作用	提高活动的效率 构筑活动的系统性（整体上的相互作用）	追求对目标顾客的冲击力 差别化的全体整合性
	加强三重架构的联系性	

图表5-7　西南航空的差异化系统

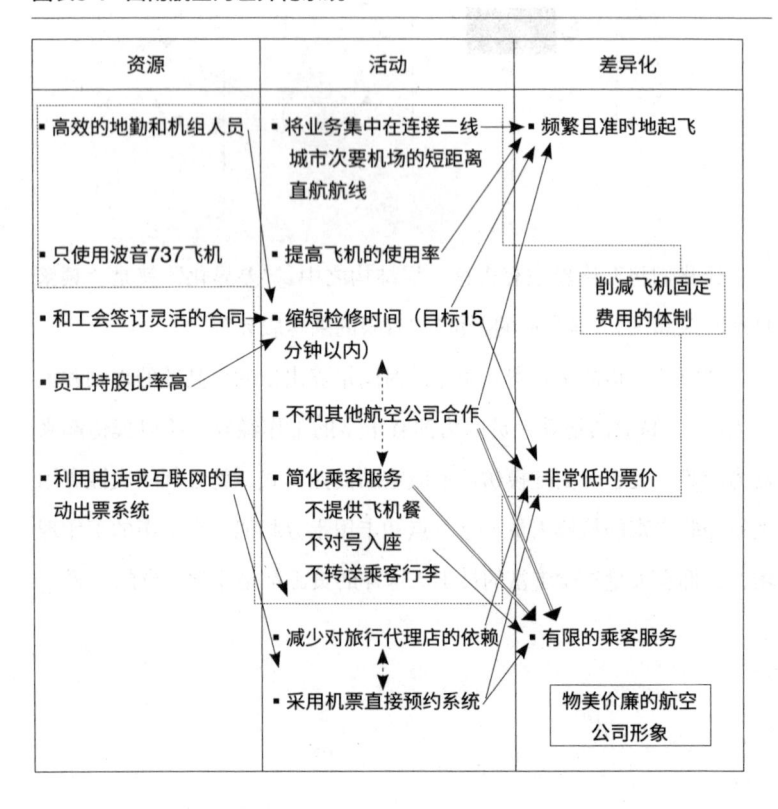

资源	活动	差异化
• 高效的地勤和机组人员	• 将业务集中在连接二线城市次要机场的短距离直航航线	• 频繁且准时地起飞
• 只使用波音737飞机	• 提高飞机的使用率	削减飞机固定费用的体制
• 和工会签订灵活的合同	• 缩短检修时间（目标15分钟以内）	
• 员工持股比率高	• 不和其他航空公司合作	
• 利用电话或互联网的自动出票系统	• 简化乘客服务 　不提供飞机餐 　不对号入座 　不转送乘客行李	• 非常低的票价
	• 减少对旅行代理店的依赖	• 有限的乘客服务
	• 采用机票直接预约系统	物美价廉的航空公司形象

"活动"主要包括"将业务集中在连接二线城市次要机场的短距离直航航线""提高飞机的使用率""缩短检修时间（目标15分钟以内）""不和其他航空公司合作""简化乘客服务"等。通过"资源"进行上述"活动"，最终实现"差异化"。西南航空的各个经营要素具有极强的整合性。

在商业系统之中，有一个作为整体核心的机制（由多个资源和活动组成的系统）。对西南航空来说，"如何提高飞机的使用率"就是核心机制。

图表5-6（见上一页）是内在整合性较高的商业系统维持竞争优势的主要原因的总结图。不过，高整合性也有缺点。整合性越高的企业，越难以适应环境的变化。或者说只能在与这种商业系统相契合的市场上生存，因此，市场的规模就是其成长的极限。（商业系统指的是企业经营的整体骨架。）

对西南航空来说，最大的课题是"在称霸美国国内航线市场之后如何继续发展"。因为西南航空只有续航距离很短的波音737机种，无法进军国际航线市场。另外，拥有700架以上波音737飞机，也是一种制约。即便市场上出现了非常优秀的新型飞机，西南航空也很难全面更换。

虽然经营要素整合性较高的商业系统具有上述缺点，但以系统的整合性为武器可以构筑起难以模仿的商业系统，从而长期维持竞争优势。希望大家能够了解这一点。

PART II
管理学的基础

第六章

运营
——实现战略的组织能力

远藤功

第一节　运营产生价值

经营不可或缺的三个要素

笔者将经营分为"愿景""战略"以及"运营"三个要素进行思考。位于经营金字塔顶部的是"愿景"。不论哪个企业都有自己的愿景。愿景就是要弄清楚"我们的企业因何存在"的"Why"。

遗憾的是,在商学院里学不到与愿景相关的知识。商业活动是从个人的想法也就是主观认识开始的。商学院会告诉你愿景很重要,但并不会告诉你究竟什么是愿景。

Yamato 运输的小仓昌男不顾周围人的强烈反对,根据自己"今后小宗运输绝对会越来越重要"的认知,于1976年开始推出宅急送业务。大家知道宅急送开始服务的第一天总共收到了多少包裹吗?只有11个。但现在宅急送业务每年送出的包裹数量多达13亿个。可以说正是小仓的愿景,创造出了一个全新的市场。

位于金字塔第二层的是"竞争战略"。愿景固然重要,但仅凭愿景并不能填饱肚子。只有11个包裹的宅急送业务根本维持不下去,因此,小仓昌南开始思考能够让业务维持下去的战略。战略就是要弄清楚"具体要创造什么价值"的"What"。企业要以这个价值来在竞争中一决胜负。

在决定创造什么价值的时候，可能会有很多个选择。比如对运输行业来说，专门做面向企业法人的大宗货物运输业务就是战略之一。但 Yamato 运输没有选择这个战略，他们将"从客户那里揽收小宗包裹，然后挨家挨户地送到收货人手里"作为自己创造的价值。为了让事业取得成功，让自身成为该领域的龙头企业，他们不断地收集信息并进行分析和研究，制定战略。

战略如果用一句话来概括就是"选择和集中"。抛弃其他的选项，将经营资源都集中在自己的选择上。如果将有限的经营资源分散，想成为领头企业就非常困难。

图表6-1 经营要素的金字塔

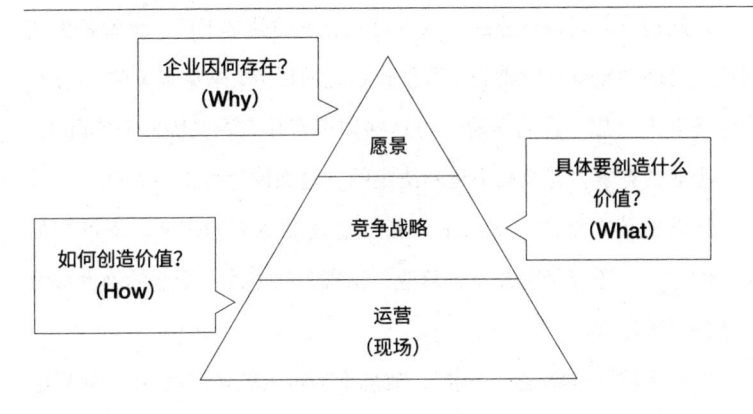

```
           企业因何存在?
              (Why)
                         愿景

                       竞争战略        具体要创造什么
                                          价值?
                                         (What)
 如何创造价值?
    (How)              运营
                      (现场)
```

PART II　管理学的基础　　119

那么，是不是说只要有了愿景和战略，企业就能够在竞争中胜出呢？事实上并非如此。毕竟愿景和战略不付诸实施，只不过是画饼充饥，纸上谈兵罢了。

战略虽然重要，但战略本身并不能创造价值。只有将战略落实到"运营"上，每天脚踏实地地完成业务，才能创造价值。也就是说，价值是通过运营产生的。运营就相当于"如何创造价值"的"How"。

运营的核心是现场。战略是否能够实现完全由现场的能力所决定。只有将愿景、战略、运营这三个要素完美地整合到一起的企业才能取得成功。

不善于运营就意味着"死亡"

让我们来深入地思考一下究竟什么是"运营"。

说起运营，制造行业的人或许首先想到的就是工厂，也就是生产现场。可能会觉得运营就是按部就班地完成任务，感觉很单调、枯燥。也许还有人会想，在商学院学习这些知识有什么意义呢？但实际上，一个企业的竞争力完全是由运营决定的，这么说丝毫也不为过。

运营的英文是"operation"，指的是现场每天的作业。不仅包括工厂的生产，还有研究开发、营业、销售、物流等，企业的绝大部分工作都属于运营。

医院中的运营就是"手术"，战场上的运营就是"战斗"。如果医院手术的水平不高，患者就会死亡。战场上战斗技巧不佳，也会出现很多的牺牲者。也就是说，运营是"生死攸关的战斗"。不善于运营就意味着"死亡"，这一点在企业经营中也一样。

运营中包含许多要素。比如决定业务流程、集合组织成员、制定业绩评价制度，还有 IT 相关的要素，可以说是既复杂又混乱。因此，要想强化运营能力绝非易事。

笔者将运营定义为"实现战略的组织能力"。这里所说的组织能力不是指个人能力，而是指作为团队和组织的能力。在很多情况下，组织能力都存在于"现场"之中。因此，也可以将其称为"现场能力"。

"现场能力"可以定义为"通过运营实现战略的组织能力"。通过优秀的运营，提高竞争优势的状态被称为"卓越运营"。

图表6-2　竞争战略和运营

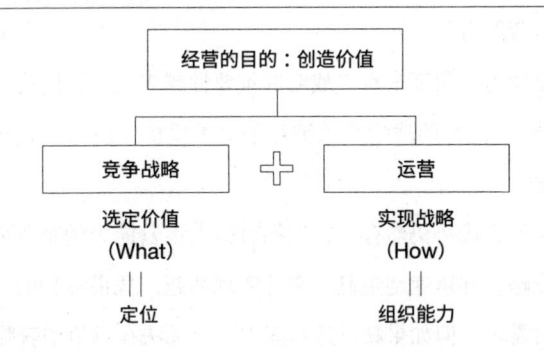

```
          经营的目的：创造价值
           ┌──────┴──────┐
        竞争战略    ＋    运营
        选定价值         实现战略
        (What)          (How)
          ‖              ‖
         定位          组织能力
```

战略和运营好比是企业的两个车轮，必须将这两个要素看作一个整体。有了战略，才能确定为了实现这一战略所必需的组织能力。因此，维持战略和运营的一贯性与整合性至关重要。

笔者对商业模式的定义是"战略与运营的集合体"。企业首先要确定创造什么价值，然后建立起能够创造出价值的运营模式。将这两个要素合二为一，构筑而成的就是商业模式。

强大的企业有强大的现场

笔者从事管理顾问工作多年，参与过很多战略项目。遗憾的是，其中有一些项目没能取得理想的结果。虽然笔者提出的战略在理论上是完全合理的，但实际上并没有得到执行。

如今笔者在客观地回忆之后发现，在这些失败的案例中，有一些是因为客户企业缺乏实现战略的组织能力导致的。在这一点上笔者应该进行彻底的反省，因为笔者在制定战略时并未充分调查或者思考该企业在现场能力上有什么优势和劣势。这些失败的经验使我更加确信"战略虽然重要，但仅有战略是远远不够的。企业竞争能力的根源在于现场的运营能力"。

从竞争能力的角度来看，战略的重要性越来越低。因为"战略很容易被模仿"。优秀的战略必然被竞争对手模仿，所以仅凭战略很难实现差异化。

虽然先行者优势仍然存在，但拥有强大运营能力的企业可以模仿先行者的战略，并迅速地追赶上来并实现超越。凭借独特的战略虽然能够创造出需求，但如果缺乏运营能力，也无法在竞争中获胜。

综上所述，战略虽然重要，但仅凭战略无法实现差异化。所以，必须重视运营的现场。从这个角度对企业进行分析不难发现，强大的企业必然拥有强大的现场。

图表6-3 竞争战略和运营形成盈利的机制

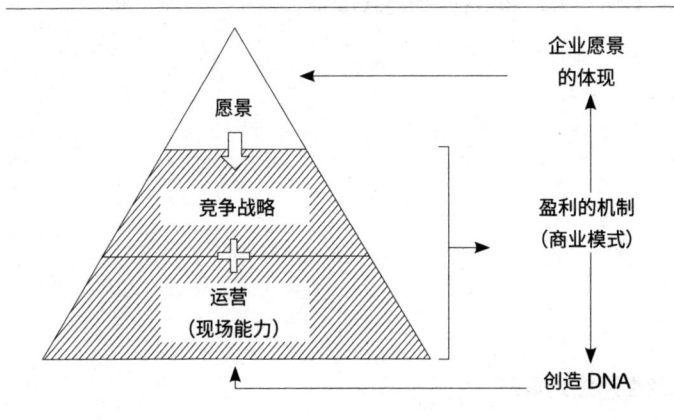

```
              愿景
                         ←——  企业愿景
                              的体现
          竞争战略
              +              盈利的机制
           运营              （商业模式）
         （现场能力）
                         ←——  创造 DNA
```

第二节　提高现场能力

踏实地改善产生竞争力

接下来我们看一个强大现场的案例。日本铁道拥有非常强大的现场能力。日本铁道不仅拥有新干线等尖端技术，还能够在保障安全的前提下，每隔2—3分钟就运行一列山手线的电车，这种运营能力实在非常惊人。在日本人看来这或许是理所当然的事情，但如果让其他国家也这样运营，可能每天都会出现事故或故障。由此可见日本铁道真正实现了"卓越运营"。

诚然，日本的新干线和线性电动机列车（Linear motor car）是世界上最尖端的技术。但日本的铁路行业不可能仅凭技术来支撑，卓越的运营也至关重要。

卓越运营的典型案例，就是位于埼玉县埼玉市的JR东日本大宫综合车辆中心。这里每年需要对东海道线以及埼京线的车辆进行大约1000次维修与保养。需要维保的车辆种类繁多，而且大多型号古老，维保起来非常麻烦。

车辆维修和保养并不是在外面拿着检测仪器检查一遍就完事，而是需要将车辆拆解，对零件一个一个地进行检查和维护，有时候甚至还需要更换新零件。但经过维保后的车辆出现故障的概率为每100万千米0.27次。换个简单的说法，就相当于行驶25年才会发生1次故障。这意味着几乎不会发生事故，所以我们才能安心地乘坐电车。

综合车辆中心为了确保高水准的安全品质，积极地推行以现场为主导的改善活动。每年现场员工提出的改善建议多达13000条。现在综合车辆中心的员工数为4500人，相当于平均每人一年提出30条建议。通过让员工们自己改善工作方式，综合车辆中心一直保持着车辆维保的精度。

综合车辆中心还着手进行了蒸汽机车的复原工作。蒸汽机车是JR东日本促销的主力之一，但因为没有图纸保存下来，因此复原工作十分困难。但在经验丰富的老员工和充满激情的年轻员工的共同努力下，复原工作得以顺利进展。老员工的经验和技术也通过这种方式得以流传下来。

强大的现场能够使员工充满自豪感

另一个拥有强大现场的企业案例，就是被亲切地称为"铁整"的铁道整备株式会社。这是JR东日本集团旗下的一家清洁公司，主要在东京站等主要站点对新干线的车辆进行清扫工作。就算没听说过这家公司的名字，相信大家一定都看到过铁整的员工打扫车辆时的情景。

东京站前往东日本的新干线的月台只有两个，前往东北、秋田、山形、上越、长野等地的新干线频繁出入。从抵达到再次发车的时间

PART II 管理学的基础　125

只有短短的12分钟。如果减去2分钟乘客下车和3分钟乘客上车的时间，就只剩下7分钟的时间。

也就是说，铁整的员工只需7分钟就能将车厢打扫得干干净净。而且员工们还彬彬有礼。他们在上车之前和下车之后，都会排成一列向乘客鞠躬，并且说"让您久等了"，让人感觉很受尊重。

铁整的员工都充满了工作热情。因为他们坚信"我们的工作不是打扫卫生，而是维护保养，我们是对车辆进行维保的技术人员"。而他们之所以彬彬有礼地向乘客鞠躬，也是因为将自己定位为"接待乘客的公司的一员"。每一个清洁团队都由一名60岁左右经验丰富的女性负责，她们也是铁整团队的核心。

在强大的现场，必然有一位帮助员工理解工作意义、培养自豪感的领导者。这些女性正是铁整的现场领导者。最近有不少连拧抹布都不会的年轻人入职，这些现场领导者就从基础教起，有的时候非常严厉，有的时候很温柔，尽心尽力为公司培养人才。

除了清扫业务之外，铁整的现场员工还提出了诸如改良车站厕所，增设婴儿室等改善建议。这些来自现场的宝贵建议都得到了采纳。

因为有员工提出"拎着水桶走路看起来不雅观"，于是公司决定不再使用水桶，变更为能够收纳在包里的小型容器。因为有员工提出"想给小朋友送一些小礼品"，于是公司定制了明信片赠送给小朋友，大受好评。2011年夏天，现场的员工们都穿着浴衣接待乘客。每年圣诞节期间，现场的员工们则会换上圣诞老人的制服。铁整的现场堪称"智慧的宝库"。

几年前，法国国家铁路的总裁来日本访问。他看到铁整的员工在东京站的月台上认真地清扫新干线车辆，不由得赞叹道："了不起，一定要引进到法国去。"

综合车辆中心的车辆检修，铁整的车辆清扫，虽然都是不起眼的日常工作，但卓越的运营成为独具特色的优势，成功地提高了企业的竞争力。

提高现场能力的三个要素

那么，如何提高现场能力呢？要想获得真正的现场能力，必须满足以下三个条件：

第一，现场必须具备极强的解决问题能力。仅靠拼命工作是无法提高现场能力的。很多企业的现场员工都是上面说什么自己就做什么的"执行任务型"员工。但仅仅完成工作是远远不够的，今后还需要现场员工能够自己主动发现问题并解决问题，成为"解决问题型"员工。否则，企业就无法在竞争中胜出。

如果成本高，就自己想办法降低成本。如果产品质量和服务有问题，就自己想办法予以改善。如果生产速度跟不上，就自己想办法加快速度。企业的现场员工要时刻思考更好的工作方式，发现问题并解决问题。只有将这种"自律神经"布满整个现场，企业才能提高竞争力。

第二，"全员参与"。现场能力实质上就是"组织能力"，不是"点的能力"而是"面的能力"。如果只有一部分积极分子为了解决问题拼命努力，而其他员工冷眼旁观、消极工作的话，积极分子也难以坚持下去。因此，全员参与非常重要。

第三，通过持续的改善来解决问题，创造出远超其他企业的价值,成为行业中的领头人。也就是必须通过现场能力实现差异化,创造价值。

没有问题的现场是不存在的。强大的现场和弱小的现场之间唯一的差别,就在于对待问题的态度。

强大的现场认为问题是"使自己变得更加强大的绝佳机会"。所以能够直面问题,绝不会逃避问题。

而弱小的现场则认为"问题是不应该出现的""尽量隐瞒问题",以消极、否定的态度对待问题。这样的话问题永远不会得到解决。只有认清问题、想办法解决问题,才能够提高现场能力。

丰田和花王之所以拥有强大的现场,就是因为他们常年坚持对解决问题的方法的改良。丰田每年的改善提案数大约60万个,而且坚持了40年以上。即便坚持了这么久,但改善永无止境。这正是丰田的强大之处。

图表6-4 什么是"现场能力"?

```
(1) 自己发现问题、解决问题
▪ 以主人翁意识面对问题
(2) 全员参与的组织能力
▪ 不是"点"的能力,而是"面"的能力
(3) 独特的竞争优势
▪ 努力成为领头人
```

制约产生智慧

现场发生的问题,不都是简单的问题。经常会遇到为了解决某个问题就必须做出某种牺牲的"矛盾现象"。比如为了解决成本高的问题而削减人工费,就会导致服务下降。为了解决矛盾,智慧和创意是必不可少的。但这绝非易事。也正因为如此,解决矛盾可以极大地提高现场能力。

丰田的生产现场是如何变强的呢?只要把握了秘诀,就会发现其实做法非常简单。比如原本有10个人的组装现场,首先减少一个人。如果继续按照之前的方法,工作就无法进行下去。于是现场就会改变方法,重新编组,加强交流,使9个人也能顺利地完成工作。接下来再减少一个人,让现场想办法用8个人完成工作。

图表6-5 "问题"能够提高现场能力

> 1. 没有问题的现场是不存在的
> - 不论多么强大的企业,问题都堆积如山
> 2. 肯定问题、积极应对
> - 问题会使自己变得更强
> - 改善、改良的不断积累(知识型员工)
> 3. 解决矛盾
> - 产生智慧和创意的现场

人类在面临困难时就会产生出智慧,制约也能产生智慧。这就是强大现场的特征。天然资源匮乏、土地狭窄的岛国日本之所以能够一直生存发展到今天,正是因为种种制约使日本变得强大。受到制约并

非都是坏事。因为条件受到制约，现场才能产生智慧。运营就是这样变强的。

前文中为大家介绍了经营三要素的金字塔结构，但在思考经营的实际效果时，需要将这个金字塔颠倒过来。"运营＝现场"才是创造价值的主力。总部和经营者，扮演的只不过是为现场提供支援的角色。将这种观念渗透进组织之中，是提高现场能力的关键。

位于"倒金字塔"最上面的是顾客，而与顾客直接接触的则是运营。如果运营太弱，就不可能成为强大的企业。

图表6-6 强大的经营

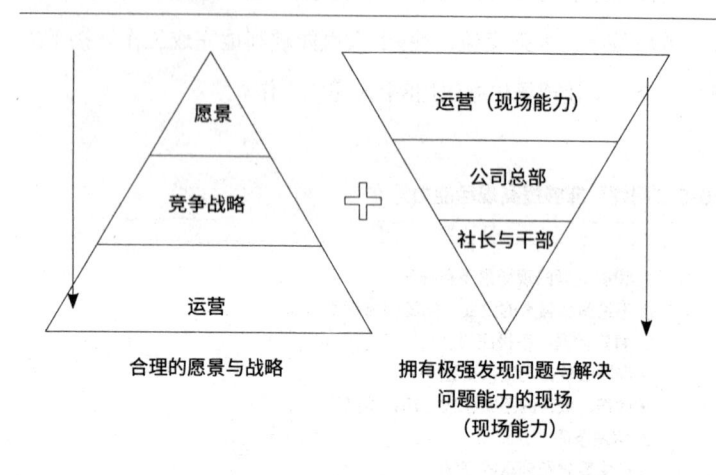

正金字塔（自上而下）：愿景 / 竞争战略 / 运营
合理的愿景与战略

＋

倒金字塔（自上而下）：运营（现场能力）/ 公司总部 / 社长与干部
拥有极强发现问题与解决问题能力的现场
（现场能力）

第三节　通过"可视化"来强化现场

磨炼现场能力的最强工具就是"可视化"

为了磨炼现场能力，必须建立起"可视化"的机制。

现场能力就是"员工在现场自律地解决问题的能力"，但在解决问题之前，员工必须能够发现自己目前存在什么问题。没有被发现的问题永远也不会得到解决。在这种情况下，"可视化"的机制就显得尤为重要。

解决问题能力越强的组织发现问题的能力也越强。只要能够将问题暴露在眼前，现场一定会想办法将问题解决。

丰田生产方式中著名的"安灯系统"，其本质就是"可视化"。

"安灯"指的是一个挂在生产线上方的电子显示屏，如果某个工序出现异常或者问题的时候，通过这个显示屏就可以一目了然。当生产线上的工人发现异常或者遇到问题时，就会立刻拉下头上的开关。这样一来显示屏上的黄色指示灯就会亮起，班长和现场负责人看到后就会立刻前来帮忙。

一般来说，在制造业的生产现场，生产线是绝对不能停止的。但丰田却认为，如果发现问题却不及时停止生产线会导致出现残次品，这样造成的损失更大。所以丰田在发现问题时，不惜停止生产线也要第一时间将问题解决。这种思考方式正是"可视化"的原点。

只要能够看到问题，就一定有办法解决。

"可视化"不仅能在工厂发挥作用。在所有部门和现场，"可视化"都是不可或缺的。比如，营业和研究开发部门容易陷入故步自封、闭门造车的状态，难以发现问题。而不隐瞒这些问题，尽早发现问题，就属于"可视化"。

让我们来看某软件公司的案例。软件开发这项工作，因为工作成果是看不见的，所以团队成员不知道其他人的工作进展是否顺利。每个人都只能看到自己的问题，而看不到别人的问题。结果导致这家企业的生产效率很低，而且品质也经常出现问题。该企业的社长为了解决上述问题，找笔者咨询。

首先，笔者选择了这家企业一个100多人的项目组，实验性地导入"可视化"机制。当然，笔者并没有直接就导入"可视化"，而是先请10名员工一起进行讨论，找出职场中存在的问题。

有的员工提出："在我的项目组里，很多人从早晨来了就坐在电脑前一直到晚上下班，也不和别人交流，根本不知道他在做什么。"

总之，员工不知道其他人在做什么，也不知道其他人遇到了什么问题。这样的职场当然没有生产效率。

在这样的职场中员工们的业务负荷也非常不平衡。有的人可能连续加班两三个晚上，而有的人则一到下班时间就回家了。

大家经过讨论，决定先从"业务负荷可视化"开始。在白板上用0—150的数值范围表明业务负荷量，早晨上班后所有员工都以自我申告的方式，将写有自己名字的磁铁放在0—150之间的某处。如果自己手头的业务很多，那么负荷指数就是100；如果负荷量过大就是150；如果稍有宽松的话就是70。

图表6-7 为什么要"可视化"

> 解决问题的第一步是发现问题
> ▪ 没有被发现的问题永远得不到解决
> 发现问题最有效的机制就是"可视化"
> ▪ 如果及时发现问题，就可以采取措施
> 将企业活动中的所有问题"可视化"
> ▪ 可视化不仅适用于工厂，还可以应用于任何现场

推行"可视化"机制后，效果立竿见影。一旦有员工申告自己负荷达到150，大家就会想办法帮其分担业务；如果有员工比较空闲，就会将工作量分给他一些。

通过"负荷可视化"，让员工主动提出自己存在的问题，可以使资源得到更加合理的利用。而且，公司内部的交流也得到了极大的改善。大家都感觉到"可视化确实很有效"。

"可视化"的陷阱

半年后笔者再次拜访这家公司，发现他们采取了各种各样的"可视化"措施。他们设置了一个"可视化白板"，在上面张贴了许多资料；在一面墙上也贴满了各种信息。乍看起来可能感觉很不错，但实

PART II 管理学的基础 133

际上其中存在着"可视化"的陷阱。

事实上,在各个方面都尝试"可视化",反而可能导致"不可视化"。当信息像洪水一样泛滥成灾,结果就是谁也看不到真正重要的信息。

现在很多公司都导入了"可视化"的机制,但大多都并不顺利。因为他们都将"可视化"本身当成了目的,而实际上并不是所有的东西都需要"可视化"。

"可视化"不是目的,"可视化"只不过是加快解决问题速度的一种机制和工具。

为了正确使用这个工具,必须坚持"Just in time"。也就是将必要的东西,在必要的时间,将必要的量"可视化"。这就是"可视化"的奥妙所在。

通过"有效的交流"形成共识

还有一个错误认知,就是"可视化"的目的。大家认为"可视化"的目的是什么?最多的回答或许是"信息共享"吧。

但以"信息共享"为目的的"可视化",效果十分有限。"可视化"的真正目的,是"形成共识"。信息共享和形成共识乍一看是同义词,其实意思完全不同。即便实现了信息共享,也未必能够将想传达的信息传达出去。虽然信息泛滥却无法形成共识的现场十分常见。

图表6-8 "可视化"的目的是什么

> "可视化"能够"形成共识"
> - 即便看到的是同一个东西,但未必有相同的认识
> - 即便信息泛滥也不会形成共识
>
> 很多信息如果不经过"翻译",就无法形成共识
> - 信息共享→"翻译"(交流的空间)→形成共识
>
> 目的不是要传达给别人,而是要让别人理解
> - 必须进行有效的交流

那么,要如何消除信息共享和形成共识之间的偏差呢?遗憾的是,并没有这么神奇的魔法。唯一的办法就是加强"交流"。在说话的时候看着对方的表情,如果感觉对方没有充分理解,就一直交流到对方彻底明白为止。为了将自己的真实想法传达给对方,自己必须付出相应的努力才行。

丰田将这种交流称为"有效的交流"。只有将正确的信息传达给对方,才是有效的交流。如果不付出相应的努力,就无法形成共识。所谓的"可视化"就是指员工在现场增加对话、形成共识。

随着IT技术的发展,也产生了相应的问题,其中之一就是信息泛滥,让人难以搞清楚究竟什么才是最重要的信息。利用IT技术实现的"可视化",只是将大量信息罗列出来,需要你去主动地看这些信息,否则就看不到。

而"可视化"的目标应该是创造一种即便不想看也能看到的状态。

丰田生产方式中的"安灯系统",就属于即便不想看也能看到的状态。每当黄色的灯亮起,所有人都会知道出现了问题。如果不能引

起现场的注意,就不能称之为"可视化"。人类只有在发现问题的时候才会开始思考,通过思考发现仅凭自己无法解决问题的时候,自然就会去找人咨询,这样就增加了交流。思考和交流的增加,能够改变现场的行动,而行动的改变最终将改变结果。这一切的开端,就是"可视化"。

可视化—发现问题—进行思考—加深交流—实现改变,通过不断地重复这一循环,就能不断地解决问题。

图表6-9 将"可视化"和行动相结合

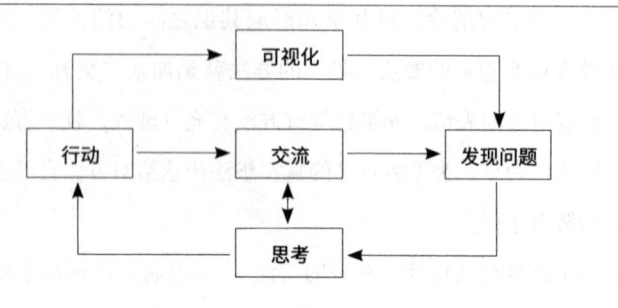

```
          ┌─────→ 可视化 ─────┐
          │                    ↓
         行动 ───→ 交流 ───→ 发现问题
          ↑         ↕          │
          └───── 思考 ←────────┘
```

⇨ 发现问题、加深交流、实现改变

坚持改善会带来突破

提高现场能力需要花费很多时间,绝非一朝一夕就能够实现。然而,很多企业在实施改善和"可视化"几年后就停止了,这样很难实现强大的运营。为了提高现场能力,坚持是不可或缺的。

"坚持"主要包括以下三点:

1."坚持基本习惯"。日常打招呼、报联商（汇报、联络、商谈）、5S（整理、整顿、清扫、清洁、教育）等基本习惯要坚持到底，不管什么时候都不能改变。所有人都坚持这些基本内容，是运营的基础。

2."坚持改善"。所有人要群策群力，踏踏实实地进行改善。这是现场能力的源泉，必须给组织养成改善的"习惯"。

3."坚持革新"。只要坚持进行脚踏实地的改善，量变必将引发质变。一口气地提高品质或者极大地削减成本，这被称为"突破"。

图表6-10 三个"坚持"

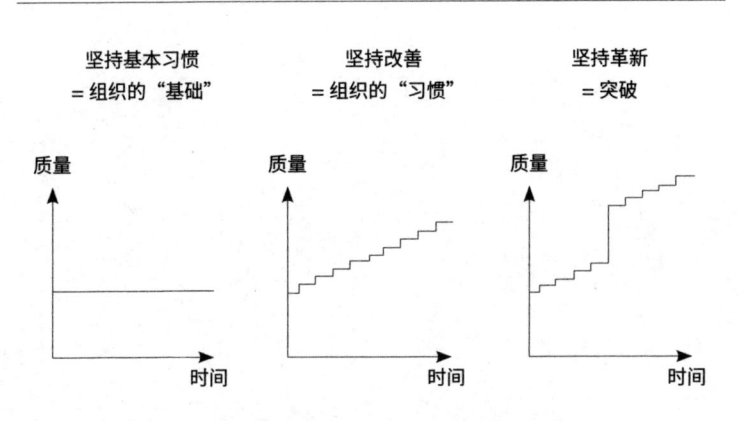

坚持基本习惯	坚持改善	坚持革新
＝组织的"基础"	＝组织的"习惯"	＝突破

➪ 坚持愚公移山的精神，10年就会形成习惯

很多企业没有坚持努力却一味追求"突破",殊不知不经过踏踏实实的努力是不会实现"突破"的。反之,那些实现突破的公司虽然从外表上看不出任何特殊的地方,但他们都在坚持不懈地进行改善。

运营并非一朝一夕能够强化的,要想确立"卓越的运营"需要花费大量的时间。也正因为如此,企业一旦拥有了"卓越的运营能力",就能长期维持竞争优势。

第七章

个人和组织
——韦尔奇的两句话哪个是正确的

杉浦正和

第一节　战略性配置有限的
　　　　　重要的资源

如何防止出现不劳而获者

几个志同道合的人聚在一起就能形成组织，所有人为了完成目标会通力合作——这是真的吗？

经济学家曼瑟·奥尔森提出了以下的观点（Olson, 1995年）："从符合逻辑的角度来思考，如果每个人都以合理行动为前提，就会得出个人不会为了达成共同的目标而合作的结论。"

为什么他会这样说呢？

大家认为什么才是真正"合理"的行动？请大家扪心自问，是不是应该以最少的投入获取最多的产出？

如果是这样的话，所有人都会认为做一个不劳而获者是最"合理"的（盐原，1988）。

假设有120个人抬神轿，或许其中有人会想"这么多人抬轿子，即便我一个人不拼命使劲也不会露馅。所以我只要装装样子等结束后拿礼物就可以了"。因为这是最合理的做法。

那么，如果只有6个人抬神轿的话，还有人能滥竽充数吗？恐怕做不到了吧，因为一下就会露馅的。

　　为什么规模庞大的集团不统一运营，而是分为多个部门和团队呢？原因之一就是为了防止出现不劳而获者。企业中不可能出现多达1000人的团队，因为这样难以对人员进行监管，很容易出现不付出只索取的不劳而获者。如果其他成员看到有这样的人，会觉得自己努力工作显得很傻，于是没有人再为组织做贡献。最终的结果就是导致组织无法实现目标，逐渐凋零。

图表7-1　实现组织目标的方法

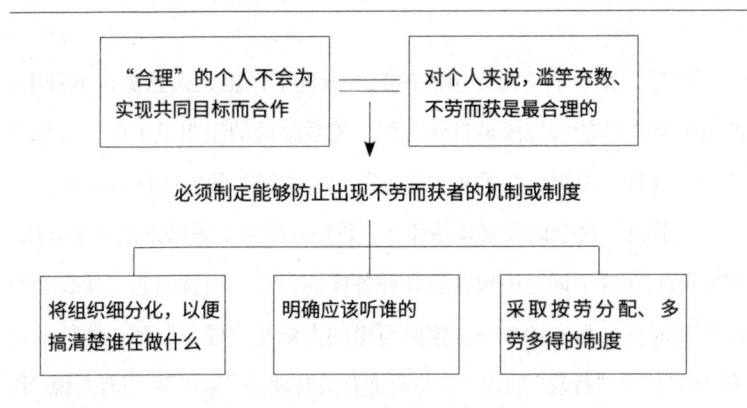

```
┌──────────────────┐      ┌──────────────────┐
│"合理"的个人不会为 │──────│对个人来说，滥竽充数、│
│实现共同目标而合作 │      │不劳而获是最合理的 │
└──────────────────┘      └──────────────────┘
          │
          ▼
┌────────────────────────────────────────┐
│必须制定能够防止出现不劳而获者的机制或制度│
└────────────────────────────────────────┘
     │               │               │
┌─────────┐    ┌─────────┐    ┌─────────┐
│将组织细分化，│明确应该听谁的│采取按劳分配、│
│以便搞清楚谁 │            │多劳多得的制度│
│在做什么    │            │            │
└─────────┘    └─────────┘    └─────────┘
```

出处：笔者根据 Olson（1965）、盐原（1988）等资料为基础制作

　　今天在教室里有120名同学，笔者让大家每6人一组坐在一起。接下来笔者会让大家进行分组讨论，这样大家谁都不能偷懒。因为一组中剩下的5个人在看着呢。谁在做什么互相都知道，谁也不能只听不发言。将组织进行细分是防止出现不劳而获者的有效手段，请大家记住这一点。

PART II　管理学的基础　　141

以为只是呼吁大家"为了实现共同的目标而努力",组织就能顺利运转吗?想法也太天真了。如果真有这么简单的话,还要什么管理和制度呢。如何防止出现不劳而获者?如何激发出团队成员的潜力和工作热情,让他们做出应有的贡献?为了实现上述目标,必须将组织细分化,建立起让强制力能够发挥作用的机制,并且采取按劳分配、多劳多得的制度。现代企业中常见的部门制度、上下级关系以及评价和报酬制度,都是出于上述原理形成的。

管理和发展

但是,在一个整天互相监视的组织里工作也让人感觉很不舒服,所有人都希望能够在成员自然合作、关系融洽的组织里工作。要想创建一个这样的组织,必须从"管理"和"发展"两方面进行思考。

"管理"这个词大家耳熟能详,平时也经常不假思索地拿来就用。但实际上在这个词之中包含着各种各样的含义。当被问起"什么是管理"的时候,最先浮现在大家脑海里的大概是"经营"吧。此外,也有"运营"和"行政"的含义。与资金有关时就是"运用"。当有人说"我们公司的管理真差劲"的时候,指的是经营层。在日常生活中说到"管理"这个词,意思是"整理""整顿""使之井井有条""努力完成"。

虽然"管理"这个词拥有这么多的含义,但有一个贯穿全体的核心含义,那就是"融合"。

损坏与散乱的事物不会自然地被修复和整理——这在物理学上被称为"熵增定律"。在工作上也存在同样的情况,所以需要我们将散乱的东西想办法收拾整齐,使之融合到一起,这就是"管理"。

图表7-2 管理和发展

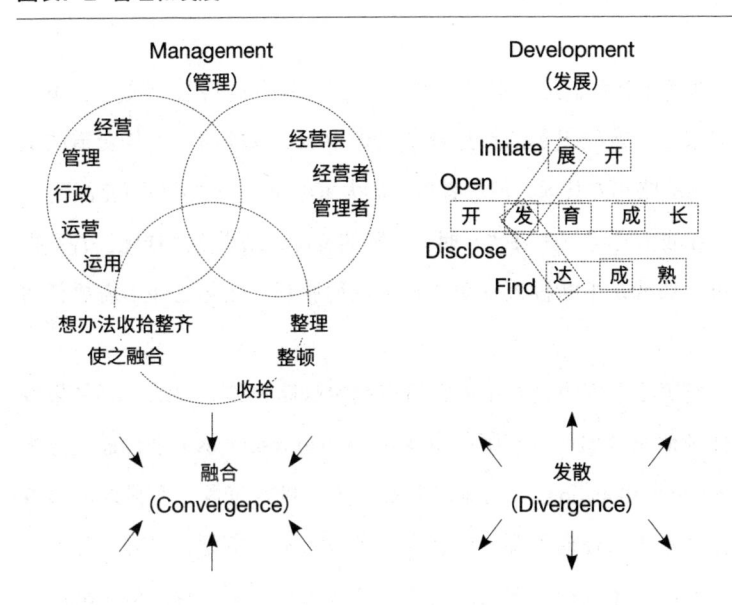

```
      Management                    Development
       (管理)                          (发展)

  经营        经营层            Initiate  展  开
  管理        经营者            Open
  行政        管理者                 开  发  育  成  长
  运营                          Disclose
  运用                            Find    达  成  熟

想办法收拾整齐   整理
使之融合       整顿
         收拾

         融合                        发散
      (Convergence)                (Divergence)
```

　　与管理相对的概念是发展。在与人相关的领域，有"发育、育成、成长"的意思，也有"发达、达成、成熟"的意思。仔细观察这些词不难发现，每两个词之间都是由同一个字衔接起来的，就好像是连锁反应一样。因此"发展"也给人一种"发散"的感觉。

　　那么管理（融合）和发展（发散）之间究竟存在着怎样的关系呢？请大家想象一下树木和园丁的关系。树木会不断生长，这就像是发展。但如果任由其自然生长，不但外形不美观，而且会导致营养分散，对树木的生长也十分不利。所以园丁会对树木进行修剪，这就像是管理。修剪还有另外一个目的，那就是选择应该保留的树枝，剪掉其他树枝。这也是一种发展。管理和发展之前并无轻重之分，而是相辅相成、缺一不可的关系。

PART II　管理学的基础　　143

为什么人事也需要战略

接下来让我们进入本章的主题——"人事与战略"。说起"人事",可能很多人首先想到的都是日常工作中非常琐碎的与人打交道的工作,与战略相差甚远,但笔者想告诉大家的是——"人事就是战略"。

在战争时期,如果己方拥有无限的资源,结果会怎样呢?答案很简单。那就是不断投入资源,直到取得胜利。除此之外不需要任何战略。

但实际上资源是有限的,所以制定战略也是必要的。必须果敢且仔细地思考如何将有限的资源(Limited resources)进行最佳分配(Optimum allocation)。比如,在某处集中投入资源,而另外的地方则完全不投入任何资源;或者在某处投入七成资源,另外一处投入三成资源。像这种从大局的角度对资源进行分配的行为就是战略决策(Strategic decision making)。在这个时候,我们需要决定选择什么、不选择什么,把重点放在哪里,应该放弃哪里,先做哪一个,后做哪一个,战略就是选择和决策。

那么,资源具体都包括什么呢?资源的主要要素是人力、物力、财力,在英语中分别是 Man、Material、Money。为了实现战略目标,决定如何最佳分配这些有限的资源,这就是战略决策。

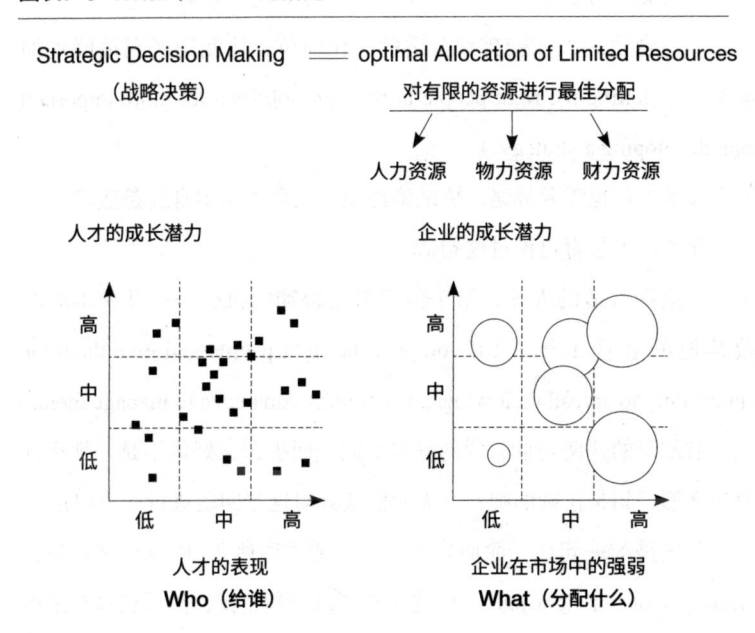

图表7-3　What 和 Who 的搭配

Strategic Decision Making ══ optimal Allocation of Limited Resources
（战略决策）　　　　　　　　　对有限的资源进行最佳分配
　　　　　　　　　　　　　　　↓　　　　↓　　　　↓
　　　　　　　　　　　　　　人力资源　物力资源　财力资源

人才的成长潜力　　　　　　　　　　企业的成长潜力

（高/中/低　低/中/高）　　　　　　（高/中/低　低/中/高）

人才的表现　　　　　　　　　　　　企业在市场中的强弱
Who（给谁）　　　　　　　　　　**What（分配什么）**

我们首先思考一下人力资源（Human resources）。人力资源是有限的，尤其是优秀的人才，更是可遇而不可求。而且，一个人即使不眠不休，一天也只有24小时的工作时间。由此可见，人力资源是最稀少且珍贵的资源。如果不能对其进行最合理的分配，就无法在战争中取胜。换言之，人力资源的配置就是战略。

选择什么是战略，选择谁也是同样重要的战略。什么事情让谁来做，或者让谁来做什么。What 和 Who 的选择与搭配也属于非常重要的战略决策。

因此，在商业活动中，不但要把握市场的发展和自身产品的优势，还要把握人才的潜力与其表现。这就是典型的"人事战略"。

曾任美国 GE 总裁的杰克·韦尔奇说过下面一番话：

"将合适的人才安排到合适的工作岗位，比制定经营战略更加重要。"（Getting the right people in the right jobs is a lot more important than developing a strategy.）

人事工作也需要战略。更准确地说，人事工作本身就是战略。

此外，韦尔奇也说过这句话：

"选择合适的人才，给予他们自由翱翔的机会……几乎不必再做其他的管理工作。"（If you pick the right people and give them the opportunity to spread their wings...you almost don't have to manage them.）

韦尔奇的这两句话，说的好像是同一回事，又好像不是。那么这两句话哪一句是正确的呢？今天我们就针对这个问题进行一下讨论。

首先是前一句话，简而言之就是"适才适所"，用英语来说就是"right person for right job"。也就是先有组织和工作，然后选择合适的"人才"。

而后一句话是"适所适才"，用英语来说是"right job for right person"。先有人才，然后给这个人才安排合适的工作。

英语中"assign"这个词也有两种用法，一种是给人"布置"工作，另一种是给工作"指派"人选。这两种用法在杰克·韦尔奇说的两句话中都可以用。那么，到底哪一个是正确的呢？

下面我们分两组来进行讨论。因为时间关系，每个人只能做简单的陈述。需要注意的是，请站在各自"被指定的立场上"进行讨论。

第二节　课堂讨论
　　——"组织优先"还是"人才优先"

课堂讨论是逻辑的对抗

　　"适才适所"和"适所适才",哪句话是正确的?

　　今天以教室的正中间作为分界线,左侧的60人站在"适才适所"的立场,右侧的60人站在"适所适才"的立场。希望大家先把自己的观点放在一边,拥护自己所站的立场,尽量驳倒对方。首先请每个小组用10分钟的时间组织一下逻辑,争取赢下这场名为课堂讨论的逻辑对抗。

　　☆（10分钟之后）

　　杉浦:首先请"适才适所"（组织优先）立场的同学发言,也就是"先有组织和工作,然后选择合适的人才"这个观点。

　　"组织优先":当然应该组织优先。因为有组织才有目标。为了实现庞大的目标,需要建立庞大的组织。然后根据组织的具体情况,选择合适的人才。如果人才的配置不当,就无法成为组织。如果大家都只做自己想做的事,组织就无法管理。也就是说,组织必须限制成员的"随心所欲"。就好像如果大家都想做投手,棒球队就组建不起来一样。

杉浦：认为"适所适才"（人才优先）正确的同学有什么看法？你们的立场是"先有人才，然后给这个人才安排合适的工作"，请阐述你们的观点。

图表7-4 组织优先还是人才优先

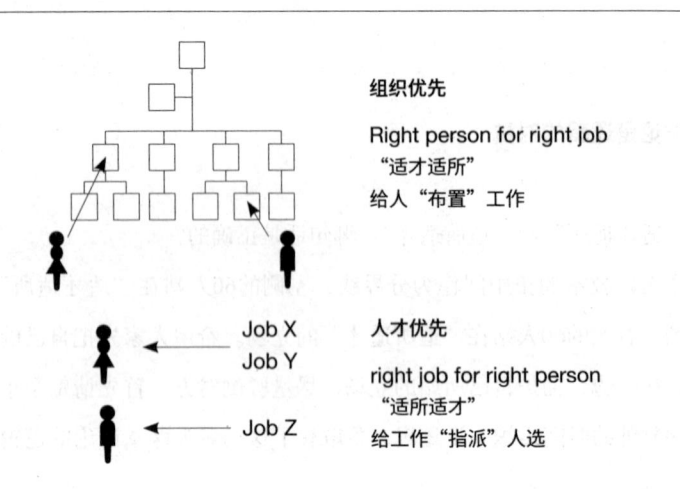

组织优先
Right person for right job
"适才适所"
给人"布置"工作

人才优先
right job for right person
"适所适才"
给工作"指派"人选

Job X
Job Y
Job Z

"人才优先"：对方同学似乎把组织看作是很多个箱子的集合体，主张在每个箱子里都放一个人。多么冷酷的做法。如果你自己站在箱中人的立场上就会明白那种做法是不成立的。因为在这么冷酷的组织中不可能产生创新式思维。怎样才能提高人才的工作积极性？怎样才能最大限度地发挥人才的能力？答案是让每个人做他们想做的事，做擅长的事。大家都读过《西游记》和《桃太郎》的故事吧，里面的人物都通过发挥自己独特的才能为实现目标做出了各自的贡献。从这个意义上讲，"人才优先"是正确的做法。我认为对方同学没有搞清楚人才是什么这个最基本的概念。

杉浦：那么，请"适才适所"的同学们进行反驳。

"组织优先"：对方同学提出的完全是肤浅的伪人道主义观点。不论怎么说，企业必须创造利润，否则便无法生存，员工们的生活也将无以为继，人才只不过是为了实现目标而分配的经营资源而已。只有朝着整体的目标努力，才能充分地发挥人才的价值。一味地让人才按照自己的意愿工作，组织就永远无法取得目标成果，也永远无法达到应有的状态，所以"适才适所"才是正确的做法。

"人才优先"：在辩论开始之前，老师都讲了什么？难道大家都忘记了吗？成立组织的目的是什么？是为了防止出现不劳而获者。一味强调"组织优先"的人，其实只是想在组织中滥竽充数吧。而在每个人都能充分发挥自身能力的"人才优先"组织中，就无法滥竽充数、不劳而获了。

"组织优先"：请等一下！以自己的利益为先的人，不就是"追求合理性的人"吗？在"个人的想法"之中，不就包含着"想偷懒"和"只想占便宜"之类的想法吗？所以你的意思就是"欢迎不劳而获者"，对吗？

"人才优先"：你没有理解我们的意思。我们的意思是要建立一个充满激情的组织，在这个组织里没人有那种"合理"的想法。公司在成立之初只有一个人，然后被这个人的魅力吸引的人自然会聚集过来。这些人拥有同样的激情，发挥各自的能力做出贡献，这样组织才能成立，公司就是这样形成的。因此，"人才第一，组织第二"。

"组织优先"：组织只不过是为了实现某一目标的手段。目标在先，手段在后。为了实现这一目标，大家都会向手段（组织）做出忍让，遵循整个组织的意图。不足的部分可以由外部进行补充。只有这样做，对实现目标来说才是最合理的，更主要的是这样做非常高效。因此，企业才能在竞争中胜出。

"人才优先"：刚才这位同学的发言中有的话让人听了很不舒服。好像把人看成是棋子一样。我只能用冷血来形容你。只有像我们这样以人为本，才能激发出人才的工作热情，并且使人才得到成长。

"组织优先"：我认为培养人才并不是组织的目的而是手段。你知道培养一个人才要花多长时间吗？在竞争获胜后慢慢花时间培养人才也来得及。有时候公司安排的工作可能与自己的期望不同，但是这个工作对公司来说非常重要，我们就应服从命令把工作做好。而且在这一过程中，我们很有可能成长起来，发现自己新的能力。

"人才优先"：运气好的话有可能吧。但人不能只靠运气，只有感觉组织重视自己，自己才能更有工作积极性。"活性化"的"活"，意思是"在有活力的组织之中，人才能发挥活力"。因此，僵化的组织培养不出充满活力的人才。而只有这样的人才能够自由地发挥想象，也只有在这样的人才中能够诞生出领导者。因此，人才优先能够对达成组织的整体目标做出巨大的贡献。

杉浦：大家说出了很多关键内容。接下来让我们用极端简化的"二者二所模式"（本间正人，2005）对思路进行一下整理。如图表7-5（见下一页）所示，假设存在只有两项工作和两个人的组织。左侧的女性属于"精英"。从事A工作能够取得12分的业绩，从事B工作能够取得8分的业绩。右侧的男性属于普通人，从事A工作能够取得10分的业绩，从事B工作则只能取得3分的业绩。应该如何给这两个人分派工作呢？认为"组织优先"的同学，你们怎么选择？

"组织优先"：当然应该让男性做 A 工作，让女性做 B 工作。因为这样安排对整个组织来说是最佳的。难道还有别的选择吗？

杉浦：确实，正如这位同学所说，这样分派工作的话，男性能够取得10分，女性能够取得8分，加起来是18分，比另外一种方式的15分更高。那么，认为"人才优先"的同学怎么看呢？尤其是当你们站在女性的立场上时。本来自己做 A 工作能够取得12分的优异成绩，也能得到相应的奖金，但公司却让你去做 B 工作。

"人才优先"：绝对不同意。

杉浦：那结果呢？

"人才优先"：结果是女性失去工作积极性，连8分的业绩都做不出来。不仅如此，女性还可能辞职，使业绩归零。

杉浦：那该怎么做才能取得最好的效果呢？

图表7-5 在最简单的组织中的适才适所和适所适才

下面的数值是该人做该工作时取得的业绩。
假定奖金根据业绩来支付。

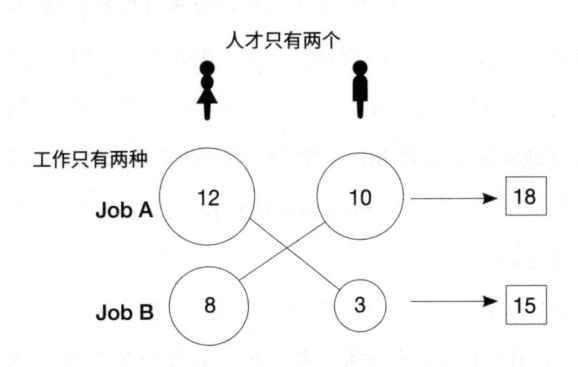

人才只有两个

工作只有两种

Job A	12	10	→ 18
Job B	8	3	→ 15

出处：笔者参考本间（2005）的资料制作

……那么课堂讨论告一段落,接下来进入最终总结。在讨论过程中没有一个人偷懒,所有人都冷静地思考、激烈地辩论。非常感谢大家,让我们为双方的精彩表现鼓掌。

或许同学们已经猜到了,最终的结论当然是"两者都很重要"。我就是为了让大家加深印象,才故意把你们分成两组,并且限定了各自的立场,进行简单的辩论。

如果要使得整个组织的利益最大化,那么人才必须服从组织的安排。公司的高层考虑的是整体最优。如果不能够完成组织整体的目标,有时候可能会导致组织无法存续下去,而覆巢之下焉有完卵?

但另一方面,公司里的每一个人都有各自的立场、想法和具体情况。每个人都想最大限度地发挥自己的能力,并且不断提高自己的能力。这是绝对不能忽视的因素。所以必须在整体和个人之间找到一个平衡点,才能达到最佳效果。

"适才适所"是先有组织,然后配置人才,以组织的利益为优先,选择合适的人才。目标是"组织利益最大化",也就是"整体最优"。

"适所适才"是先有人才,优先考虑如何让人才发挥自己的能力、提高工作热情。目标是"人才利益最大化",也就是"个别最优"。

"适才适所"和"适所适才"虽然"都正确、都重要",但不能同时最大限度地满足。如果为了两者兼得而不断地进行调整,最后的结果只能是竹篮打水一场空。所以必须有所取舍,选择一个优先,另一个则稍后考虑。

两者中只能选择一个——这样的关系被称为"取舍关系"。"组织"和"人才"之间就类似于这种关系。组织的领导者会在"组织"和"人才"之间进行调整,或者组织8、人才2,或者组织4、人才6,为的是取得最优的结果。在有条件限制的情况下合理安排资源获得最大限度的回报——这就是"最优化",这就是"战略决策"。

对存在矛盾关系的两者应该优先哪一个,根据短期还是长期的视角考虑,得出的结论也有所不同。根据目的和状况的不同,得出的结论也不同。比如,在爆发战争的非常时期,如果优先考虑个人的想法和情况,就无法打胜仗。军队必须建立起上传下达的组织体制,然后配置人员、统一行动,才能保住性命。但在平时,指挥官如果能够根据每个人的能力、想法和特点分配合适的工作,反而能够提高整体的实力。

虽然今天我让大家采用了辩论的形式来加深思考,但"适才适所"和"适所适才"并不是一对一错、二者择一的问题,而是应该根据目的和状况,在人才优先和组织优先之间寻找平衡。如何在"整体最优"和"个人最优"之间实现更高级别的最优化,这正是从大局的角度制定战略的重要作用。

以成为具有战略眼光的领导者为目标

所谓战略决策,就是分配有限的资源实现最优化——这一点对管理和发展也同样适用。管理指的是让人和人齐心协力来完成一项工作(getting things done through and with other people),如何使用人才就是管理的核心内容,而发现人才的强项并使其得到提高就是发展。这里所说的"人才"有两个含义。其一是"他人",是和自己拥有不同想法和世界观的人。其二是"人类",每个人都拥有不同的愿望和爱好。为了和存在许多不同点的"人"一起共事,管理和发展两者缺一不可。而且这两者也不能同时兼顾，必须根据具体情况选择一个侧重点。

图表7-6 组织和人才的平衡

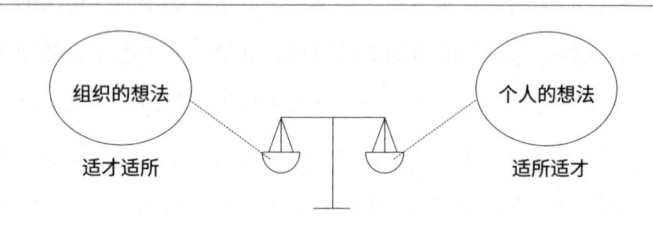

```
    组织的想法                    个人的想法
     适才适所                      适所适才

         整体最优和个别最优的平衡
            管理和发展的平衡
       随时随地、每时每刻、无微不至地关心人才

                战略性领导的作用
```

如何让"人才"在为组织做出贡献的同时还能使自身得到提高。管理和发展应该优先哪一个。在思考上述问题的基础上，对两者的重心进行微妙的调整，这就是从战略的高度思考人才和组织的管理与发展，也是人力管理的极致。

如果每一个人才都是植物，那么组织就是一个庭院。通过愿景将人才和组织结合到一起的领导者就相当于园丁。园丁必须对整个庭院以及庭院里的一草一木负责，从管理和发展两个角度对资源进行最合适的分配。

身为领导者要随时随地、每时每刻、无微不至地关心人才。领导者对人才的关心，是最宝贵的经营资源。但领导者的精力也是有限的，也需要战略性地分配资源。

今天的课堂讨论是冷静派与热血派的战斗。希望大家都能保持冷静的头脑和热情的心（但二者不能颠倒），成为具有战略眼光的领导者。

第八章

内部营销
——首先在公司内部创造顾客

木村达也

更应重视的营销方式

市场营销可以分为内部营销和外部营销两类。外部营销就是我们常说的市场营销，以 STP 为代表的细分化、设定目标、定位，以及各种各样的市场营销手段都是比较有代表性的外部营销活动。外部营销的最终目标是在竞争市场中获得顾客。

另一种市场营销是内部营销，也就是"在企业内部进行市场营销"。

可能大家都没听过内部营销这个词，但内部营销的重要性与外部营销相比有过之而无不及，是企业非常重要的经营活动之一。市场营销领域的专家、美国西北大学的菲利普·科特勒教授在《营销管理》中提到"开始外部营销之前，首先应该进行内部营销"。

内部营销就是将自己公司的员工也看作顾客的理念。对于他们来说，"商品"就是"工作"，让员工开开心心地购买"工作"并获得满足感，这样就能提高他们对企业的忠诚度。而员工对企业的忠诚度高，就会尽最大努力来让顾客满意。

部门间的不协调会损害企业的竞争力

直到10年前，笔者一直在英国、美国企业的市场营销部门工作。商务相关人士一定会有这样的感觉，那就是企业各部门之间的关系很不协调，这已经成为企业面临的一个巨大问题。

比如，在产品生产过程中，营销部门会很自信地认为"最了解消费者需求的是我们"，而产品开发部门"想要开发新产品"的意愿非常强烈。各个部门都有自己的想法，认为"要是生产出这样的产品肯定能畅销"。因此，要想让企业全体团结一致生产畅销产品绝非易事。

市场营销部门和营业部门之间也不协调。虽然他们的最终目标应该是一致的，但是各自实现目标的时间轴有所不同。市场营销部门的重要职责是"树立企业品牌，并设法在中长期提高品牌认知度"。而营业部门则认为"树立企业品牌固然重要，但首先要达成这一季度的预算，关键是确保眼前的营业数字"。难道部门之间不协调的问题就没办法解决了吗？这是经常令人感到头疼的问题。

图表8-1 菲利普·科特勒所说的话

> 在开始外部营销之前，首先应该进行内部营销。
> 如果员工没有做好为顾客提供优质服务的心理准备，就无法向顾客提供这样的服务。

笔者一直有一个疑问，那就是"为什么日本的企业或公司里没有CMO（首席营销官）这个职位"。CEO（首席执行官）、COO（首席运营官）、CFO（首席财务官）、CTO（首席技术官）等都已经非常普遍，但与美国相比，日本设置CMO（首席营销官）这个职位的企业非常少。如果日本企业也能像美国企业那样，设置一个优秀的CMO，将市场营销与研究开发、财务、生产、营业都联系起来，是否就能解决部门之间不协调的问题呢？出于上述考虑，笔者开始关注内部营销的问题。

PART II 管理学的基础 159

但适合担任 CMO 的人才十分有限。因为要想做好这个工作必须拥有营业与品牌管理的丰富经验，拥有从多角度分析顾客和商务环境的能力，以及制定战略计划的能力，善于与人沟通，在企业中德高望重，还要有教养……简直像文艺复兴时期的万能天才莱昂纳多·达·芬奇，从艺术到科学无一不精，擅长体育，能够演奏多种乐器，在空余时间还能写诗。这样的人才是世上罕见的。美国有项调查发现"CMO 的在职期限不到 CEO 的一半"。由此可见，CMO 是个非常难以干好的职位。

全员营销

下面我们思考一下日本的企业应该怎么办。一个可行的方法就是全员营销，也就是不单纯依赖 CMO 这个超级营销员，而是所有人都参与到营销中来。笔者认为对于日本的企业来说，全员营销是最有效的营销方式。

与全员营销相关的词是兼职营销员，而与兼职营销员相对的概念是全职营销员。隶属于市场营销部的员工都属于全职营销员，而组织中除全职营销员之外的员工则被称作兼职营销员。

也就是说，企业的所有员工都要站在市场营销的角度认真面对顾客，随时发现顾客的需求，将这些信息应用在企业内部。这种策略对日本企业来说就是一种市场营销。

关于市场营销有一句笔者非常喜欢的话。出自彼得·德鲁克的《管理的实践》(*The Practice of Management*) 一书。在书中，他提出"企业的目的就是创造顾客"，为了解释这个论点，他又写道："因为企业的目的是创造顾客,所以企业具有两个基本职能,那就是市场营销和创新。"

书中所说的"创新"并非从天而降的。对企业来说,实现创新的方法只有两个,从外部引进或者在内部创造。企业或者通过 M&A 等方法将拥有优秀技术和人才的企业收入囊中,或者以企业内部的资源为基础实现技术创新。虽然也有很多从外部购买创新技术在企业内部消化吸收,之后获得飞速发展的企业;但对不善于从外部购买创新技术的企业来说,只有内部创新这一条路可走。在这种情况下,内部营销就会起到很大的作用。

笔者给内部营销下的定义是"组织为了实现中长期目标,采取促进内部组织合作的一系列流程"。为了完成中长期目标,必须打破部门和阶层的壁垒,让员工加强交流、互相合作、实现创新、取得成果。通过重复这一系列的流程,组织的体质就会发生变化,在竞争中保持优势地位。

内部营销的三要素

内部营销有以下三个要素:

第一个是开头就提到过的"自己企业的员工也是顾客"的理念。

第二个是"全员营销"。收集顾客数据、预测、分析市场环境等工作不能全都指望市场营销部来做,要所有人都参与进来。当然,工作的开展要以市场营销部的人为核心来进行,但所有员工都要有市场营销的意识。正如德鲁克说过的那样,企业的唯一目的是创造顾客。因此,企业的所有员工都应该为了创造顾客都参与到市场营销的工作中来。

韩国的三星电子，销售额的九成都来自海外市场。三星开发海外市场的特征之一就是比欧美公司更早进入非洲、中东、南亚等海外市场。三星集团总裁李健熙采取的是上传下达的管理体制，在他非常明确的战略指导下，三星迅速地推出了符合世界各地市场需求的产品。三星的信条是"品质不是由我们自己决定的，而是由市场决定的"。因此三星的产品开发负责人、市场营销负责人以及设计师们全都团结一心、齐心协力，非常高效地生产新产品。

第三个是"企业整体营销"。这是站在顾客的视角对市场营销的功能进行重新构筑，或者将部门内、部门间、阶层间有机地联系在一起。为了实现这一目标，必须在组织设计和激励机制上下一番功夫，制定相应的制度和机制。比如，三星一旦明确市场需求之后，就会立刻在部门内、部门间交换意见，成立特别工作小组，以项目为单位研发能够满足市场需求的产品。三星之所以能够做到这一点，靠的不是公司内部纵向的组织功能，而是在维持各部门自身专业性的基础上进行横向联合、互相合作，实现公司的目标。

"全员营销"和"企业整体营销"如果能够充分地结合在一起，组织内外的壁垒就会被消除。在市场发生变化时，组织也能够更迅速地采取合适的应对。也就是说，内部营销相当于企业产生创新的驱动器，发挥着非常重要的作用。

让小组目标和组织目标相一致

那么，企业应该如何导入内部营销呢？

首先需要企业高层主动提出。在图表8-2中，纵轴代表小组（或个人）的目标和组织整体的目标在多大程度上是一致的，横轴代表小组或者部门的凝聚性。我们的目标是左上部分。假如大家所在的企业处于右下部分，想一口气达到左上部分是非常困难的。首先，可以先向上或者向左移动，但如果先向左移动的话，组织的成果可能会下降。也就是说，如果小组和组织整体目标的一致程度较低的话，即便小组的凝聚性增强，组织整体的成果也会下降。

因此，首先应该提高小组目标和组织目标的一致程度。在这个时候，组织的高层领导应该身先士卒。也就是说，从领导者的意识改革开始，是导入内部营销的有效措施。

图表8-2 提高组织整体成果的顺序

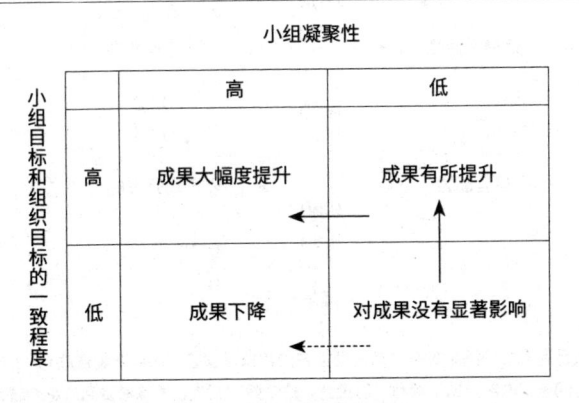

	小组凝聚性	
小组目标和组织目标的一致程度	高	低
高	成果大幅度提升	成果有所提升
低	成果下降	对成果没有显著影响

出处：笔者以S.P.罗宾斯（2009）、P185为基础进行了修改

其次是通过调查来把握现状。为了搞清楚企业内部市场营销的实际情况，笔者所在的研究室与某个调查公司一起做了一项调查。我们按照部门和阶层进行了问卷调查，对内部营销的实际情况进行测定，为导入内部营销打下了坚实的理论基础。

最后是根据上述调查把握实际情况之后，明确内部营销的问题点。我们以对511家企业的实际情况进行调查的数据为基础，建立起了一个模型（图表8-3）。对成果产生影响的组织内要素总结为领导能力、合作能力、信息活用度、运营能力、市场开发能力这五个要素，对内部营销顺利的企业和不顺利的企业进行对比（顺利与否由企业自己申告）。五个构成要素如下：

图表8-3 内部营销模型

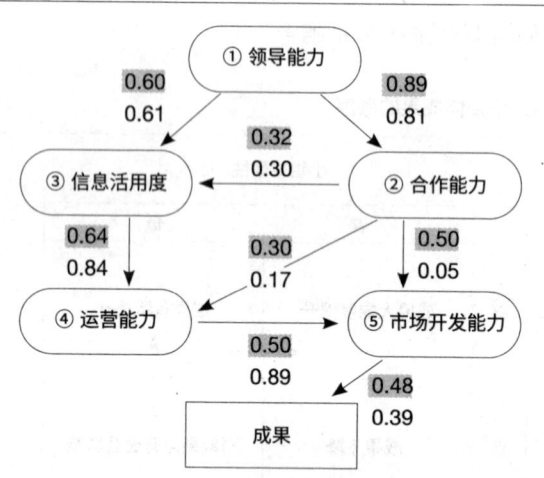

```
              ① 领导能力
       0.60  ╱    │    ╲  0.89
       0.61 ╱     │     ╲ 0.81
           ↓    0.32     ↓
                0.30
    ③ 信息活用度 ← ② 合作能力
       │          │        │
    0.64        0.30      0.50
    0.84        0.17      0.05
       ↓          ↓        ↓
    ④ 运营能力 → ⑤ 市场开发能力
              0.50      │
              0.89      │ 0.48
                 ↘     ↙ 0.39
                   成果
```

注：箭头表示有直接的因果关系。箭头旁上方的数值是回答"内部营销很顺利"的企业，下方的数值是回答"内部营销不顺利"的企业。这个数字越大，意味着受到的影响越大（2009年10月调查、n=511）

1. 领导能力：经营层是否提出了明确的中长期方针，并且在公司内部得到贯彻？

2. 合作能力：部门之间、部门内部自由讨论、协助、合作的程度。

3. 信息活用度：对企业内外的信息收集、活用的程度。

4. 运营能力：现场是否具有高效的应对能力。

5. 市场开发能力：研发新产品和提供新服务的能力。

调查的事实证明，内部营销顺利的企业，其内部的合作也很活跃。部门间的相互合作与研发新产品、提供新服务的市场开发能力关系密切。此外，回答"内部营销不顺利"的企业则现场运营能力较强，通过现场的努力来不断提高市场开发能力，从而帮助企业取得成果。

当然，这类企业没必要削弱运营能力。但如果总是依靠现场的努力来取得成果，恐怕难以长久地维持下去。那么，这样的企业应该采取什么措施呢？简而言之，最有效的办法就是"加强企业内部的合作能力"。

在明确了问题点之后，就需要将问题点共享给企业的领导者和经营层，讨论解决办法。比如，成立内部营销委员会或者工作小组，然后确定具体的日程，尽快采取行动解决问题。

IBM 的郭士纳遭受的挫折及其之后的变革

企业要想实现内部营销、提高业绩，必须具备以下的条件和环境。

第一个是"保障部门内、部门间、阶层间的透明性"。1993年，在 IBM 濒临倒闭时出任 CEO 的路易斯·郭士纳这样说道："我刚一上任，就参加了一场长达8个小时的战略会议。会议全都是专业术语和难以理解的说明，因此我根本没有理解会议的内容。深受挫折的我回到家后猛灌马天尼。"

就任 IBM 的 CEO 之前，郭士纳一直是雷诺兹－纳贝斯克的董事长兼 CEO。加盟 IBM 的第一次战略会议上就遭受挫折，并不意味着郭士纳没有技术背景。应该说，连郭士纳这样的人物都理解不了 IBM 的会议内容。会议上说的都是 IBM 内部使用的特殊用语，郭士纳仿佛置身于另外一个世界。据郭士纳回忆，在长达8小时的会议中，顾客细分这个词一次也没有出现过，让他深感不解。

从此以后，郭士纳对 IBM 进行了非常大胆的简化改革。优秀的经营者不仅会仔细检查财务报表，还能通过会议上使用的语言、经营层的服装、会议时的态度和说话方式等看出企业的本质和特征。

谷歌坚守的价值观

第二个是"办公室的环境"。或许有人认为办公室的环境不会产生什么重大的影响，但实际上办公室环境的好坏对内部营销的实际展开有很大的影响。办公室不只是处理日常事务的场所，还是让个人发挥创造力、加强团队成员自然交流，以及产生全新价值的空间。

第三个是"集合优秀人才"。谷歌吸引了大量优秀人才，是现在美国商学院和名牌大学毕业的优等生们最想去的职场之一。

2004年谷歌上市，媒体进行报道时评论说"谷歌上市后恐怕会失去自己的特色"。因为媒体担心拥有公司股票的员工和没有公司股票的员工之间的巨大差距会使组织内部产生矛盾，会不断有人卖掉股票拿着大笔现金离开公司，或者谷歌的组织不断膨胀，失去谷歌的速度感和敏锐感，但事实上谷歌在上市前后并没有发生什么变化。

图表8-4　实施内部营销时应该具备的环境

- 保证部门内、部门间、阶层间的透明性
- 职场是沟通交流的地方，办公室环境很重要
- 集合优秀的人才
- 创造令人愉快的职场环境和令人愉快的人际关系
　　——不要让公司变成"全是陌生人的派对"

谷歌公司的董事长埃里克·施密特认为谷歌之所以没有发生变化的原因在于坚持了以下三点，"没损失基本的价值观""与优秀的人才共享价值观""目标没有动摇"。谷歌的价值观之一是"Don't be evil"（不要变坏），这是一个非常有趣、大胆且一言中的价值观。因为谷歌和优秀的人才共享这些价值观，所以谷歌的企业文化并没有受股票上市的影响。

第四个是创造"令人愉快的职场环境"。这一点和"办公室的环境"也有着密切的关系。创造良好的职场氛围和促进员工互相合作的企业文化，对实现内部营销至关重要。

曾在索尼担任技术人员，后出任谷歌日本分公司社长的辻野晃一郎在其著作《谷歌需要的东西，索尼都教给我了》一书中讲了这样一件事。"当时我刚上任不久，乘电梯的时候，有个一只手拿着咖啡的年轻员工问我'新工作已经适应了吗'，我感到有点无所适从，但还是微笑着回答说'还行吧'。那个员工说'是吗，那就好。你加油吧'，说完那个员工就下电梯走了。"通过这件事能够让人感觉到谷歌的企业文化。

辻野晃一郎在书中还写道："我来谷歌上班的第一天，首先看到

的是坐在平衡球上打电话的年轻的女员工，而且她旁边还有一条柴犬。让我大吃一惊。"

笔者认为员工可以把平衡球带到公司里，而且还能养狗，这样的办公室氛围非常重要。员工在称呼上级的时候，是称呼"部长"还是称呼"田中"，这二者之间是有很大的区别的。

"自己后面的工序就是顾客"

那么，在日本的企业里推行内部营销很困难吗？笔者认为并不困难。

大家听说过 NOAC 这个词吗？这是"Next Operation As Customer"的简称，意思是"自己后面的工序就是自己的顾客"。

这个理念不仅适用于市场营销领域，在生产现场也经常被提起。员工在工作时，也必须让自己后面工序的人以及其周围的人满意。日本的企业本来在这方面就很擅长。内部营销乍看起来好像是从国外引进的概念，但实际上并非如此。

为了在企业内部贯彻内部营销的理念，首先要让所有员工回答以下几个问题。这时，需要把顾客分为普通顾客和企业内的顾客两类。

1. "你的顾客是谁？"
2. "你能为你的顾客做什么？"
3. "你为了服务你的顾客都采取了什么措施？"

图表8-5 内部营销不顺利企业的特征

- 信息没有共享（员工意识、系统、人与人的关系上存在问题）。
- 没有实现按劳分配（忽视个人业绩目标）。
- 领导者没有理解内部营销的意义（缺乏领导能力）。
- 办公室空间被物理分割。
- 员工感觉不到空间和时间上的宽松。
- 组织中没有按照项目基准开展工作的习惯和经验。
- 员工之间没有形成基于专业精神的相互尊重关系。
- 不愿意照顾别人，不替别人着想。

内部营销进展不顺利的企业都有相同的特征，如图表8-5所示。主要表现在企业内部的信息共享问题、人事评价制度、企业经营者的领导能力、办公室空间环境、组织内的工作方式和企业文化等方面。

内部营销的4P

在本章的最后，笔者将对实现内部营销的关键内容进行总结，主要可以归纳为四个要点：

第一是"人"（People），第二是"热情"（Passion），第三是"专业精神"（Professionalism），第四是"项目"（Project）。

郭士纳在其著作《谁说大象不能跳舞》中提到，他在IBM从事管理工作时遇到一个关键词，而这个词他在哈佛商学院学习的两年间一次都没有听说过。这个词就是"热情"。虽然今天这个词我们已经司空见惯。而在当时，人们都认为"热情"是一个抽象的概念，应该尽量排除，所以哈佛商学院教授的课程也是以数字为基础进行分析，制定经营战略。

在企业运营中，所有人都要搞清楚自己的企业因何存在，愿景是什么，目标是什么，以及必须取得什么成果。每个人都要以专业精神来面对顾客，为了实现1+1＞2的效果而倾注自己的热情。上述的4P是内部营销取得成果的原动力。

图表8-6　内部营销的4P

人 (People)
热情 (Passion)
专业精神 (Professionalism)
项目 (Project)

第九章

领导能力
——开拓未来的能力

大泷令嗣

领导能力的三个基本要素

我们在企业进行领导能力培训的时候，为了让学员理解什么是领导能力，会先将学员分成几个小组，让每个小组列举一个自己认为是"真正的领导者"的人，然后进行小组讨论。接着再让每个小组列举一个自己认为"社会上都说这个人是领导者，但我们并不认可这个说法"的人，再进行小组讨论。

有趣的是，有的小组认为是真正领导者的人物，其他小组却认为这个人不是真正的领导者。也就是说，根据看法的不同，对领导的定义也不同。这意味着要给"绝对的领导者"下定义非常困难。

由此可见，领导能力没有绝对的定义，而是存在有效范围（effective range）。对于在有效范围中的人们来说，或许能够从这个人的行动中感觉到领导能力。而对于在有效范围之外的人们来说，则感觉不到领导能力。

不过，具有领导能力的人有一个共同点，那就是他们都具备领导能力的三个基本要素：

1."愿景和方向"。这是给组织制定将来的愿景，制定周密的经营战略并为组织指明前进方向的能力。

2."共同体"。身为领导者，要能够激发出组织的潜能。领导者要有自己的追随者，并且让每个追随者实现自我价值，让组织发挥出1+1＞2的作用。

3."价值"。彼得·德鲁克曾经说过："优秀的领导者，只会发表演说、赢得周围人的支持是不够的，还要看他取得了什么结果。"

价值的定义是"作为组织向利益相关团体持续提供价值的能力"。除了追随者组成的共同体之外，还有一个由股东们组成的利益相关团体。
领导不仅要让共同体的成员实现自我价值，提高他们的满意度，还要持续为股东团体提供价值。这两者加在一起，才算真正发挥出了领导能力。

图表9-1 领导能力的三个基本要素

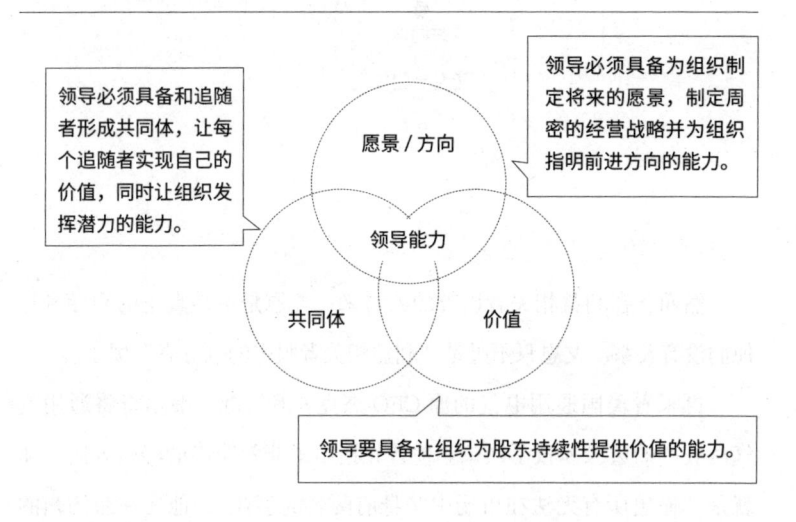

领导必须具备和追随者形成共同体，让每个追随者实现自己的价值，同时让组织发挥潜力的能力。

领导必须具备为组织制定将来的愿景，制定周密的经营战略并为组织指明前进方向的能力。

愿景/方向

领导能力

共同体　　价值

领导要具备让组织为股东持续性提供价值的能力。

领导能力的判定

我们按照这三个要素对著名的经营者进行以下分析。
首先来看雷诺的董事长兼CEO（首席执行官）卡洛斯·戈恩。他有非常明确的愿景和方向。虽然只身一人来到日产，却竭尽全力培养出被称为Ghosn's children的心腹，建立起共同体。而且他成功地让濒临破产的日产起死回生，为利益相关团体提供了价值。因此，戈恩当之无愧于领导者这个称呼。

图表9-2 领导者、共同体、利益相关团体的关系

```
        利益相关团体
            ‖
          股东团体

        领导本人
          ●
         共同体
           ‖
        追随者团体
```

然而，在利益相关者以外的人看来，戈恩是不是真正的领导者与他们没有关系。戈恩只不过是"利益相关者眼中的领导者"罢了。

再来看美国通用电气的原CEO杰克·韦尔奇。韦尔奇将通用电气从破产的边缘拯救了回来。他首先指出了非常明确的经营方向，那就是"撤出所有无法在市场中跻身前两名的事业"。他还在纽约州的克劳顿维尔设立了"克劳顿管理学院"，对员工进行关于领导能力的培训，投入大量的时间和心血培养自己的心腹。在价值方面，他成功地让GE从一个濒临破产的企业变身为超一流企业。毫无疑问，杰克·韦尔奇也完全满足领导者的三个要素。

只要我们把握了领导者应该具备的三个基本要素，在培养领导能力的时候就能够知道应该加强哪一部分。

那么，在实际培养领导者的时候，关于这三个要素，具体应该培养什么行动能力呢？

笔者在某企业进行培训时，针对这三个基本要素应该包括哪些具体的行动进行了讨论。

愿景和方向性，包括先见之明、有大局观、有判断能力等。共同体则包括产生共鸣的能力、凝聚力、应对不同文化的能力等。价值包括自我管理能力、解决问题能力、抗压能力、改革能力等。

图表 9-3 构成三个基本要素的具体行动

Vision/Direction 愿景/方向	Community 共同体	Value 价值
先见之明	产生共鸣的能力	自我管理能力
大局观	凝聚力	瞬间爆发能力
判断能力	尊重他人	回复工作精力的能力
承担风险的能力	应对不同文化的能力	改革能力
演讲能力	听取意见的能力	诉求能力
逻辑思考能力	指导能力	忍耐力
决策能力	开放思想	品德优秀
信念和工作热情	培养员工的能力	为人诚实
	献身精神	网络能力

接下来，笔者将以愿景/方向性中的"先见之明"，共同体中的"凝聚力"以及价值中的"改革能力"为例分别进行说明。

高瞻远瞩 / 先见之明

首先来看一下"愿景/方向"中的"先见之明"。越是身居高位的领导者,越要做到高瞻远瞩。能够看到多远的未来,是由自己在企业中承担的职责决定的。

如图表9-4所示,其中横轴代表时间、纵轴代表预测性(不确定性),时间轴被分为"第二年""5—30年""30—50年"三个阶段。

图表 9-4 长期愿景和情景规划

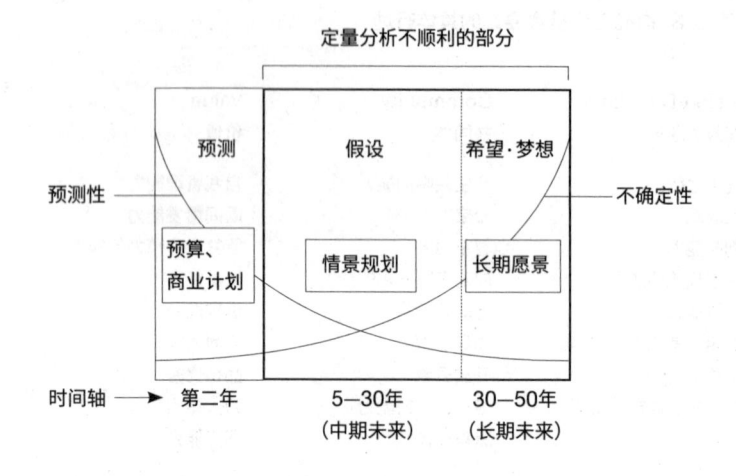

```
                    定量分析不顺利的部分
                ┌─────────────────────────┐
                │                         │
          预测   │    假设      希望·梦想   │
  预测性         │                         │  不确定性
         ┌────┐ │  ┌────┐    ┌────┐       │
         │预算、│ │  │情景 │    │长期 │       │
         │商业 │ │  │规划 │    │愿景 │       │
         │计划 │ │  └────┘    └────┘       │
         └────┘ │                         │
                └─────────────────────────┘
  时间轴 →  第二年      5—30年       30—50年
                      (中期未来)    (长期未来)
```

当然,时间拉得越长,预测的指数函数就会下降,不确定性则不断增加。在考虑第二年的经营活动时,要在预测市场状况、销售额和利润的同时,规划第二年的预算,并且为了实现预算目标制定各种各样的计划。这就是面对短期未来时的应对方法。

而应对长期未来时,应该拥有"30年后成为这样的企业"的梦想,在此基础上，制定计划并付诸实施。

应对企业的中期未来，情景规划的方法非常有用。情景规划是美国一个叫兰德研究所的智库开发出的方法。简而言之，就是先建立几个假设，比如"发生了这种情况该怎么办"，然后将假设演化为情景。

经理要尽量把握短期未来也就是第二年的数字，制定合理的商业计划并执行。领导者则要像草原犬鼠那样爬到岩石上眺望远方，制定中、长期未来的发展规划。与此同时，要想象"如果出现了森林狼应该如何应对""如果天空出现老鹰应该如何应对"的情景。通过这样的情景规划训练来提高自己的预判能力。

养成思考"如果发生这种情况该怎么应对"的习惯，在事情发生之前就设想几种情景，进行思考训练，时间久了就能比别人考虑得更加周全。如果领导者和其他人一样都只关注短期未来，那么这种群体恐怕难以长久地生存下去。

将旁观者化为盟友——凝聚力

接下来让我们看一下"共同体"中的"凝聚力"。

大家听说过"20—30—50法则"吗？虽然领导者必须组建共同体，但共同体的成员并不需要全都无条件地支持领导者。身为领导者必须要认识到这一点。一般来说，大致的比例为支持者20%、反对者30%、剩下50%是既不支持也不反对的旁观者。

旁观者在英语中叫作"Fence Sitter"，直译过来就是"坐在篱笆墙上的人"。篱笆墙的两边分别是支持者和反对者，而旁观者就坐在墙上摇摆不定。身为领导者，必须要非常小心地对待这些旁观者。

为了让支持者坚定支持的立场，把旁观者变为支持者，让反对者保持中立，领导者必须具备强大的沟通和交流能力。在这个意义上讲，领导者必须拥有一定的 IT 知识，能够将推特、脸书等交流工具当作自己的武器充分利用起来。

图表 9-5 "20—30—50"法则

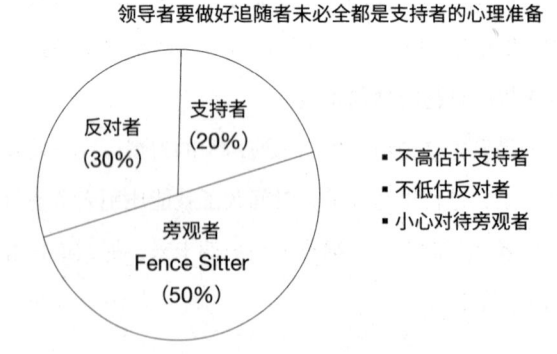

领导者要做好追随者未必全都是支持者的心理准备

- 支持者 (20%)
- 反对者 (30%)
- 旁观者 Fence Sitter (50%)

- 不高估计支持者
- 不低估反对者
- 小心对待旁观者

还有一点需要注意的是，领导者要善于利用仪式感。比如，打算改变之前那沿用的方法时，为了表示对之前方法的最大尊重，以及对更换新方法的庆祝，应该举行某种仪式。

打破僵局——改革能力

最后是"价值"中的"改革能力"。

比如在经济全球化时代，有时候必须彻底地改变组织的结构以及推动组织运转的各个系统。这有点像物理学领域的"相变"。所谓相变，指的是同一种物质，一旦超过温度和压力的临界点，就会变化为不同的结晶结构和性质的现象。

图表 9-6 全球化企业必须及时进行"组织相变"

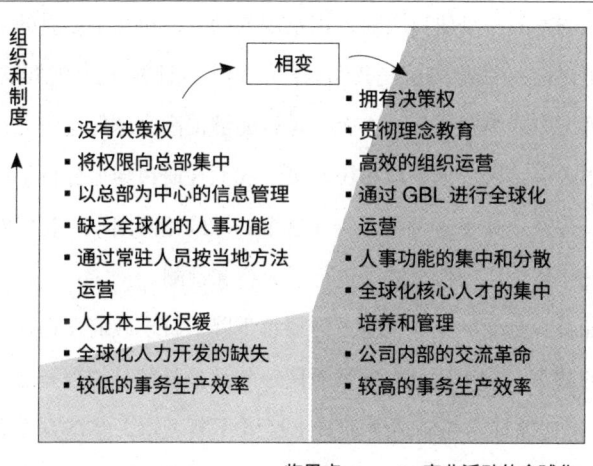

```
组织和制度 ↑

相变

左侧（临界点之前）：
• 没有决策权
• 将权限向总部集中
• 以总部为中心的信息管理
• 缺乏全球化的人事功能
• 通过常驻人员按当地方法运营
• 人才本土化迟缓
• 全球化人力开发的缺失
• 较低的事务生产效率

右侧（临界点之后）：
• 拥有决策权
• 贯彻理念教育
• 高效的组织运营
• 通过 GBL 进行全球化运营
• 人事功能的集中和分散
• 全球化核心人才的集中培养和管理
• 公司内部的交流革命
• 较高的事务生产效率

临界点 ──→ 商业活动的全球化
```

在商业活动中也会出现类似的情况。一旦全球化的发展超过某个临界点，而组织却不发生相变的话，就会难以存续下去。

但很多企业在开展全球化事业的时候，都遇到了各种各样的问题。比如，全球化企业虽然将一定的决策权交给了国外分公司的负责人，但分公司的负责人在做决策之前还要征询总公司的意见。

为了企业加快全球化的进程，企业必须改变传统的组织方式和体制。具体来说，让国外分公司的负责人拥有决策权，观察理念教育，提高组织运行的效率，培养全球化的领导者，建立全球化的运营网络，提高事务部门的生产效率。

为什么要培养全球化的领导者

对日本企业来说，培养全球化领导者是个非常重要的课题。为什么这么说呢？让我们一起来思考一下。

笔者举办的一个研讨会通过情景规划的方法对几十年后的未来情况进行了讨论，图表9-7就是我们制作的30年后日本社会的情景。

矩阵图中的纵轴代表日本企业是否能够提高全球化竞争力，横轴代表日本政府是否应该采取移民政策。我们在研讨会上分析了许多不确定性，最终选择了这种组合。在这个2×2的矩阵图中，我们对日本社会在30年后会成为什么样子进行了分析和预测。

假如日本企业的全球化竞争力持续下降，日本政府又选择了不接受移民的政策，30年后日本的情景用一句话概括就是"迟暮之年，观光立国"。支撑日本的制造业和日本经济不断衰退，经济方面只能做到自给自足。与此同时，首都圈的土地和大楼都将被海外的不动产行业收购。日本人只能靠风景、绿化、新鲜的空气和温泉为武器实现观光立国的目标。但仅凭观光旅游业无法养活1亿数千万的国民，所以日本人的生活水平会下降很多。

还有一种情景是，日本政府接受移民，但日本企业的全球化竞争力下降，这会导致"严重的移民问题"。外国人不断地涌入劳动密集型产业之中，但我们经常能够听到外国移民难以融入日本社会，给当地居民造成麻烦的新闻。在这种情景下，类似的情况将成为常态。

图表9-7　30年后日本社会的情景

	不接受	接受
提高	**不可思议的国家"日本"** - 维持日本独特的社会民主主义和文化 - 虽然日本国力下降，但赢得了其他国家的尊敬 - 独特的国家日本 - 掌握世界标准的小型的日本制造商 - 外国人对日本文化的关注度提高 - 说日语会显得很时髦	**世界化的"日本"** - 外国人的天堂 - 日本社会的多样化、多语言化 - 日本企业获得高水准的人才 - 全球化进程加速 - 理想国家的追求 - 日本文化实现革新
下降	**迟暮之年，观光立国** - 日本经济衰退，成为被遗忘的世界第三经济大国 - 企业价值下降 - 经济上实行自给自足 - 外国地产商囤积东京圈的房地产 - 日本人只能靠风景、绿化、新鲜的空气、温泉等实施观光立国政策 - 服务业支撑着日本人的生活	**严重的移民问题** - 外国人涌入劳动密集型产业 - 小印第安、小圣保罗 - 到处出现清真寺和印度教寺院 - 移民们不能融入日本主流社会 - 在新宿爆发民族纠纷

纵轴：日本企业在全球化的竞争力　横轴：接受移民

　　如果日本企业的全球竞争力提高，日本政府不接受移民的话，会是怎样的情景呢？笔者将这种情景称为"不可思议的国家'日本'"。其他国家的人都认为日本是一个非常独特的国家，对日本人表示尊重，并且对日本文化很感兴趣。

最后的组合就是日本企业的全球竞争力提高，日本政府也接受移民。这个情景被笔者命名为"世界化的'日本'"。高水准的人才不断涌入日本，这些人才进一步提高了日本企业的全球竞争力。笔者曾经在新加坡生活过8年，可以说新加坡正是这种情景的典型代表。

不知为什么，日本政府至今还没有打算采取接受移民的政策。笔者感觉日本社会有可能会出现图表9-7中左侧的情景，也就是"迟暮之年、观光立国"的概率很高，而成为"世界人'日本'"的概率最低。

总而言之，30年后的日本社会、经济以及企业活动，会受到日本企业全球化程度的巨大影响。也就是说，培养全球化领导者是日本企业实现全球化的关键，必须认真对待。

图表9-8（见下一页）是笔者根据美国学者定义的方法进行的分类，其中纵轴代表世界的统一性，横轴代表应对当地市场的能力。日本的很多出口型企业都属于国际化企业、多国企业。

因为日本的将来会受日本企业全球化进程的影响，所以日本企业要提高世界统一性，尽快跻身于全球化企业或者跨国企业的舞台。而日本企业能否实现华丽转身，关键就在于培养全球化领导者。

图表9-8 全球化的形态（Management Style）和所需要的人才

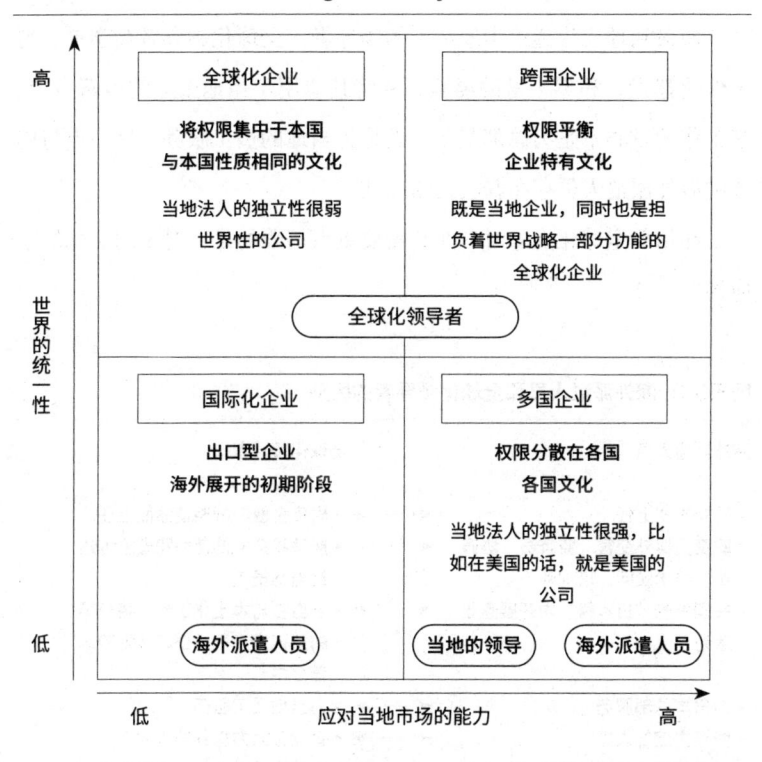

	应对当地市场的能力 低	应对当地市场的能力 高
世界的统一性 高	**全球化企业** 将权限集中于本国 与本国性质相同的文化 当地法人的独立性很弱 世界性的公司	**跨国企业** 权限平衡 企业特有文化 既是当地企业，同时也是担负着世界战略一部分功能的全球化企业
	（全球化领导者）	
世界的统一性 低	**国际化企业** 出口型企业 海外展开的初期阶段	**多国企业** 权限分散在各国 各国文化 当地法人的独立性很强，比如在美国的话，就是美国的公司
	海外派遣人员	当地的领导　海外派遣人员

海外派遣人员和全球化领导者的区别

日本企业通过轮岗的方式向海外企业派遣员工，同时招聘当地的优秀人才维持海外企业的运营。但这种海外派遣人员和全球化领导者之间究竟有什么区别呢？

一直以来，海外派遣人员的主要职责是监督当地的工作，协调各方面的关系以及培训员工。但从今往后，日本企业需要的是能够将公司的使命和理念渗透给当地员工的领导者。全球化领导者会亲自参与本地化建设，积累丰富的经验，并将其应用于当地企业的运营当中。其工作的重心不是为总部服务，而是为当地的员工服务。这一点与传统的海外派遣人员存在着巨大的区别。

在培养全球化人才时，尤其需要重点培养的是"对不同文化的适应性"。

图表9-9　海外派遣人员和全球化领导者的区别

海外派遣人员	全球化领导者
- 轮岗方式上任	- 肩负企业的战略使命而上任
- 职责类似外交官、监督员、协调员、技术顾问、培训师	- 能够将企业的使命和理念传达给当地员工
- 在国外的"日本村"内开展商业活动	- 亲自参与本土化工作，将获得的知识应用于总部和本地的运营之中
- 为日本总部服务	- 为当地员工服务
- 脱离主流的人才	- 企业应大力培养的人才
- 被当地员工背地里骂作"海鸥"（海鸥飞到别人土地上，拉了粪之后飞走）	- 得到当地员工的认可和尊重

在领导能力必备的三要素之中，受文化适应性影响最大的就是共同体的创建。愿景、方向以及价值，不论东方还是西方，只要是在企业之中，价值观基本都是一致的，很容易达成共识。但对于成长环境、思考方式和价值观都不同的人来说，要想建立共同体十分困难。

创建共同体时一个非常重要的因素就是与人交流的能力。日本人普遍智商高、情商高，而且非常勤奋。但日本人与人交流的能力很低，因此综合评价不高。也就是说，人际交流的能力是培养全球化领导者时的重点。

全球化领导者需要拥有优秀的外语能力，还需要拥有创建共同体的相关知识。和当地的部下进行充分的交流，达成共识后设定目标，并能够随时进行指导，这种程度的交流能力对全球化领导者来说是不可或缺的。

培养交流能力最有效的方法是"教育戏剧"。简单地说，就是像表演戏剧一样指定角色、设定场景，通过表演来进行训练。找一个扮演部下的人，然后训练表扬和批评的时机、方法、说话的语气、肢体动作等。通过模拟的体验来提高交流的技巧。

第十章

全球化管理
——从"进入世界市场"到"向世界学习"

太田正孝

既见森林又见树木

在全球化进程中，谁都无法预测将来会在哪个国家出现商机。

直到15年前，很多商务人士还认为被派驻非洲属于降职。但现在与派驻纽约相比，派驻非洲或许对个人发展来说是个更好的机遇。因为纽约的业务数量不会有太多的增加，而非洲的业务量可能会无限增加。印度也一样。

从这个角度来看，不管在任何市场，开展商业活动都是要放在首位的目标。这就是全球化管理的根本理念。或许也有因为喜欢法国而只在法国开展商业活动并幸福地度过一生的人，但实际情况往往没有这么简单。

如果在非洲开展业务，就必须根据非洲的实际情况采取相应的措施。在中国和印度也一样。不管在哪里，都要努力适应当地的情况，这和适应美国以及欧洲市场是一样的。认为适应美国市场和适应印度市场是完全不同的两个概念的想法，在当今时代早已经行不通了。

笔者认为在思考全球化管理这一问题之际，关键在于既见森林又见树木的视角组合。如果站在全球化的视角上看问题，会感觉"世界好大啊""整个世界都联系在一起"，但只从这个视角出发就难以将实际的商业活动进行下去。在拥有全球化视角的同时，还要认清各国的具体情况。不但看见森林，还要看见树木。对不同的树木要采取不同的应对措施。而且因为每个国家都和其他国家以某种形式连接在一起，所以认清树木与树木之间的联系也十分重要。

单纯的全球化时代已经结束

在思考全球化管理时，必须同时思考全球化、本地化以及国际化这三个机制。

全球化应该将重点放在追求效率上。如果不能实现规模经济效应和合理化，那就是失败的全球化。

但如果只通过全球化实现了效率性、规模经济效应以及合理性，会使商业活动变得枯燥乏味。这就像开发出能够卖给所有人的商品，结果反而一个都没卖出去一样。

比如汽车行业，直到10年前还在思考"如果研发出一种在世界任何地方都卖出去的汽车，就能提高经营效率"。也就是所谓的全球车。但现在已经没有汽车制造商会这么想了，要在亚洲市场销售汽车，就必须生产出符合亚洲人消费习惯的汽车。这就是本地化。特别是在新兴市场的地位越来越高的今天，这种趋势越发明显。

2011年10月，丰田汽车宣布在中国成立研发中心。因为中国是拥有10多亿人口的庞大市场。如果在中国销售和美国以及日本市场一样的汽油车和柴油车，将对环境造成巨大的污染。所以如果不以电动车和天然气车等清洁能源车为中心的话，无异于自寻死路。

如果以未来10年、20年的发展来看，中国印度市场最受欢迎的必将是电动汽车。因此，日本的汽车制造商必须研发清洁能源汽车或者环保汽车。但新兴国家市场的公路基础设施可能不够完善，所以对汽车的耐久性和性价比也有很高的要求。这就是对新兴市场来说的高品质。商业活动以盈利为目标，所以绝对不能盲目地乱花钱开发。从这个意义上来说，随着全球化的不断发展，本地化的策略也越来越重要。

同时，与从外交层面考虑中国和印度、中国和日本的关系相比，思考如何进行知识转移更加重要。日本企业要在当地进行考察的基础上，思考如何安排和调动人才，做好本地化工作。

跨国化和超国家化

以前，一般将上述机制称为国际化，但近年来，全球化管理的研究者提出了"跨国化"和"超国家化"的概念。总之，这是将全球化与本地化相结合的机制。

跨国化如图表10-1所示，跨国公司由总公司和多个子公司组成。在世界各国的市场中都开展业务的企业，需要在尊重各国独特性的同时追求全球化的高效率，但要兼顾两者绝非易事。而且光是在日本的总部发号施令，或者派遣日本人到世界各国实现100%的本地化都是不够的。公司总部和各国的子公司虽然各有特色，但必须拥有同样的价值观并且做到信息共享，在日常的合作中相互合作、相互影响。在必要的时候还要进行人事调动，将在各地发现的经验、价值、商业模式等带到另外的地方去。

跨国化相当于上述的组织网络结构，而超国家化则属于公司总部与子公司之间，以及各子公司之间进行人员流动和知识转移时软件层面的深层思考。

打个比方，马可·波罗为什么要走向世界？因为他听说日本遍地都是黄金，所以才来到亚洲。虽然他最终并没有抵达日本，但他仍然将亚洲的文明带回了意大利，而且也将以罗马为中心的欧洲文化带到了亚洲。

图表10-1 跨国组织的结构图

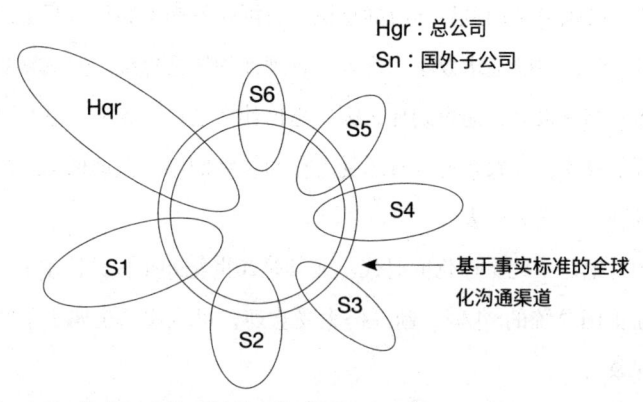

Hqr：总公司
Sn：国外子公司

基于事实标准的全球化沟通渠道

出处：太田正孝《异文化管理的新展开》，《世界经济评论》Vol.42 No.4，1998年。

我们为什么要走向世界？当然不只是为了"赚钱"。在不同的国家，有不同的文化、有趣的风俗和美味的食物，相互之间的交换能够带来许多乐趣。人类的贸易行为就是基于这种好奇心而产生的。

但这个单纯的想法在20世纪中后期就逐渐消失了。因为利用廉价劳动力大批量生产，为全世界高效提供商品的全球化趋势席卷全球。结果，周游世界、发现有趣的东西这种思维方式也不复存在了。

由于上述单纯的全球化经营模式不断发展，金融工程模式大行其道，最终导致雷曼危机引发的金融风暴。因为当时企业的经营理念就是竭尽一切努力为股东提供更多的价值。

但不管用钱生钱的游戏获得了多少资金，如何使用这些资金才是最重要的课题。进入21世纪之后，我们应该认真地思考一下为什么要走向世界这个最根本的问题。我们去非洲是因为那里丰富的资源，我们去亚洲是因为那里丰富的思想。和以前的人们一样，与世界各地的人交换有趣的思想，现在是回归传统思维模式的时候了。

我们必须具备向世界学习的意识，否则就不知道为什么要走向世界，容易陷入一味追求效率、规模、合理性的惯性思维。但就算实现了上述一切，最后又能得到什么呢？恐怕什么也得不到吧。也有可能因为规模过大，导致企业自身承受不住而轰然倒塌。像这种单纯的全球化机制已经成为过去。

20世纪是单纯全球化的时代。尤其是20世纪90年代，比尔·克林顿担任美国总统的8年间，新经济大受欢迎，可以说这也属于单纯全球化现象之一。

图表10-2 超国家化竞争环境和创造市场的逻辑

20世纪是"单纯全球化"的时代
- 基于规模经济、高效性、标准化、合理化的融合（convergence）力学占主导地位。
- 为了实现全球化经营，构筑由子公司组成的高效的全球网络，根植于世界各国市场，进行生产、销售和服务。

21世纪是"复杂全球化"（超国家化）的时代
- 重视多样性、独特性、创造性的分散力学复活。
- 在感知全世界的未开发技术和市场信息，并将其与跨境经营结合在一起的同时，还要尽早将运营规模和形态最优化，构筑创造全球化知识和价值的创造流程。

出处：太田正孝《多国籍企业和异文化管理》，同文馆，2008年；Doz.Yves.et.al《从全球化到超国家化：公司怎样在知识经济中获胜》，哈佛商学院出版社，2001年。

我们回顾一下当时到底发生了什么，最具代表性的就是IT革命。IT技术为什么在20世纪90年代突然发展成为一股热潮？理由很简单。因为冷战结束。1989年柏林墙倒塌，1991年苏联解体。IT革命在此之后就不断发展。因为美国将原本应用于军方的互联网技术推广到了民间，互联网技术的商业化使IT领域瞬间成为没有竞争对手的蓝海。在这种情况下，先下手为强。敏捷管理（agility management）之所以红极一时，就是因为符合时代背景。

但现在IT也已经充斥了整个世界，而且没有实体，毫无意义的轻举妄动无异于自掘坟墓。从这个意义上来说，在不同的时代，同一个商业模式拥有的优势和劣势是不同的。如果不在全球化的背景下思考这种经营力学上的问题，就很容易犯错误。

超国家化战略

关于超国家化战略，可以这样来思考。世界上存在着各种各样的知识和资源，如果企业拥有全球化网络，就能从商业活动的角度发现各种有用知识。比如，能否把日本的某种风俗习惯应用于企业经营上？中国的那种思维方式能否利用？遍布各地的子公司会像磁铁一样吸收这些发现，促进经营管理上的革新。

大部分的革新都是对现有的产品、服务以及知识进行重组而产生的，所以最简单的革新就是利用全世界尚未被人所知的东西。将原本就有价值的东西"创造性"地进行重组，比在研究室里埋头研究实现创新的可能性更大。

拥有全球化网络的企业，就能够拥有各种各样的发现。但如果将这些发现直接提供出去，和单纯的全球化没有任何区别。或许消费者并不会买账。应该将这些发现与自己企业的产品和服务组合到一起，并以适合各国需求的方式提供出去；也就是将信息和知识先吸收再输出。就好像人类不能只吸气不呼气，或者只呼气不吸气一样。对企业经营来说，输入和输出也是缺一不可的。

图表10-3 什么是超国家化（Metanational）

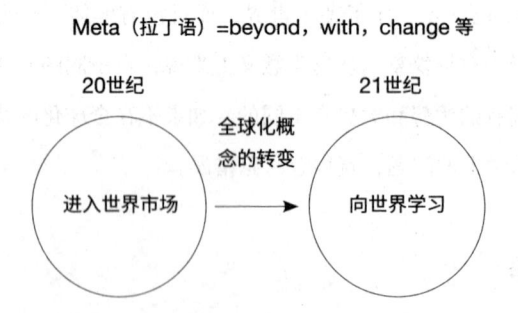

Meta（拉丁语）=beyond，with，change 等

20世纪　　　　　　　　21世纪

进入世界市场 —全球化概念的转变→ 向世界学习

出处：Doz.Yves.et.al《从全球化到超国家化：公司怎样在知识经济中获胜》，哈佛商学院出版社，2001年；太田正孝《东盟和日本企业的共同创新》《第29次产研公开演讲会：日本和东盟——跨国商业活动的未来》，早稻田大学产业经营研究所，2003年。

　　从全世界学习各种各样的知识，将这些知识变成产品，再以符合当地需求的形态输出回去。这个过程说起来容易，做起来非常困难。但这种思维方式在21世纪的复杂全球化时代是至关重要的。

　　以前，欧美和日本嘲笑伊斯兰世界的金融"没有利息的金融是没有意义的"，但现在欧美和日本的银行也几乎接近零利率。即便没有利息，金融也能发挥作用使商业活动得到发展。与其说是金融具有了新的作用，不如说这是金融最根本的作用。所以现在不管是美国还是欧洲国家，都在研究伊斯兰的金融制度，认为伊斯兰文化落后于时代完全是表面的肤浅看法。

在这个世界上充满了对经营的启示。企业要结合时代背景与自身特色，创造性地利用这些启示。这也是超国家化战略的意义之一。

在单纯全球化时代，规模经济、效率性、标准化、合理化是最重要的，因此企业大多将工厂集中在少数几个生产基地。在每个国家都设立工厂在成本上是不划算的。但以汽车为例，亚洲消费者喜欢的汽车和美国消费者喜欢的汽车是完全不同的。

事实上消费者非常任性。即便商品种类不断丰富，消费者仍然想要更多的新产品，结果就催生出将现有商品重新组合然后稍微提高价格继续销售的商业模式。超国家化战略就是将这一思想推广到全世界的战略。

最初，消费者或许只使用 iPhone 就心满意足了，但用的时间久了，消费者就想要更先进的产品。各个国家的消费者都希望拥有适合自己生活习惯的商品。

希望全世界都以同样的方式生活只不过是一种幻想，不同国家的消费者生活方式和对商品的需求也不同。每个国家的市场都是为当地的消费者而存在的，而不是为跨国企业存在的。跨国企业希望利用全球化的标准模式以低成品大批量生产并销售自己的产品，但如果消费者不买账的话就没有销路。所以采取各种各样的方式实现本地化是很有必要的。

可口可乐在日本辛辛苦苦地开拓市场，不仅销售碳酸饮料，还销售咖啡和茶饮料。正因为如此，可口可乐掌握了在亚洲市场销售茶饮料的经验。在中国以及东南亚市场，茶饮料的销量也远超可乐和芬达等碳酸饮料。事实上，大量饮用碳酸饮料的只有美国等一小部分国家。

也就是说，全球化是指在世界各种各样的现场学习与自身不同的东西，为新商品的研发积累知识，从而实现创新。这是与工学意义上的创新所不同的社会学意义上的创新。

距离、局限性和黏着性

现在，与生产逻辑相比，市场创造逻辑显得更加重要。

以前，日本企业进军东南亚市场，不论是印度尼西亚还是马来西亚，都是将那里作为生产基地。因为日本企业认为那些国家的人们买不起这么高档的商品，能够买得起高档商品的只不过是当地极少数的有钱人而已。日本企业将在印度尼西亚生产的商品出口到美国、欧洲国家，或者返销日本。但现在不同了，日本企业在当地生产的商品都是为了在当地销售。换言之，日本企业进军海外市场的目的是为了挖掘当地的市场潜力。

在20世纪80年代和20世纪90年代的单纯全球化时代，企业普遍认为"距离不是问题，随时可以通过IT技术进行联系"。因此场所不再有特殊性，世界也变得更加扁平化，通过IT技术，所有人都能实现共享。

但实际上真是如此吗？

虽然全球化趋势越发明显，但距离的威胁并没有消失。在距离总部遥远的国家开展业务仍然非常困难，前往地球的另一面即便在今天也仍然需要花费大量的时间和精力，让人感到疲惫。所以距离的威胁仍然存在，距离仍然是一个不可忽视的重要因素。但对距离不应该消极看待，而是应该将其看作是产生商机的重要因素。

图表10-4　单纯全球化的终结

▪ 全球化 ≠ "距离的威胁"消失
▪ 全球化 ≠ "场所（locus）的约束力"消失
▪ 全球化 ≠ "信息的黏着性"消失
▪ 全球化 ≠ "文化的约束力"消失

出处：太田正孝《多国籍企业和异文化管理》，同文馆，2008年。

　　世界真的扁平化了吗？通过IT手段能够和任何人共享信息吗？诚然，知识的显性化非常重要。所谓知识的显性化，打个比方来说就像是将食材放进冰箱里，可以随时随地拿出来使用。

　　但需要注意的是，只将知识显性化并不能实现创新。就像只从冰箱里拿出西兰花和肉，却不进行加工，这些食材就不可能变成菜肴。知识也一样，只有和自己拥有的个人背景或者国家的生活习惯与文化相融合，才会变得有魅力。

　　在日本料理中，生鱼片是最有特点的一道菜。但只是把刚打捞上来的鱼趁新鲜切成片端上来就是日本料理吗？答案是否定的。正因为吃生鱼片成为一种文化，所以日本人才对其进行研究，发现有些种类的鱼要放上一两天再吃才更美味。另外，生鱼片的摆盘方式也有很多种类，给生鱼片增添了许多魅力。法国料理也借鉴了很多生鱼片的摆盘方式。两个国家之所以能够超越地理上、文化上的距离相互学习，正是因为这两个国家存在着基于创造性和独自性的积极意义上的差异。从这个意义上来说，今天的世界并不是完全扁平化的。虽然有扁平的部分，但非扁平的部分占绝大部分。

另外，我们对这个世界的认识，也有一厢情愿的地方。从这个意义上来说，也有必要重新审视一下场所的约束力这个概念。

换句话说，就是必须要理解场所的黏着性这个概念，以及场所的黏着性和世界之间存在着什么样的关系。因此，理解世界的历史和思想也非常重要。在20世纪，人们都认为只要模仿美国的方式就能够取得成功，但现在这种单纯全球化的状况已经发生了改变。当日本企业想在阿拉伯、印度以及非洲开展业务时，如果不了解这些地区的历史，就将犯下非常低级的错误。

在20世纪80年代和20世纪90年代，只要掌握英语和数学就能开展国际业务。但从今往后如果没有历史和地理知识的话，就无法开展成功的全球化商业活动。因为信息的黏着性和知识的黏着性并没有消失。

信息的黏着性是MIT（麻省理工学院）的冯·希佩尔提出的概念。在某个人进行思考或者制定计划时，大脑里存在着一种只有这个人才明白的东西。其他人虽然大体上知道是怎么回事，但绝对不可能和那个人理解得完全一样。然而优势性和创造性正是来自这微小的差异，正所谓"上帝存在于细节之中"。信息和知识在一个人的头脑里是有生命的，提出隐性知识这一概念的迈克尔·波兰尼将这种知识称为"个人知识"。即便这种个人知识的一部分被形式化和扁平化，但只收集这部分知识是没有任何意义的。就像很多人能够在电视台的有奖竞猜节目中答对很多问题，但什么也创造不出来一样。单纯地将显性化的知识收集到一起是无法创造出任何东西的。

尽管全球化不断发展，但距离的威胁并没有消失，场所的约束力仍然存在，信息的黏着性依然有效。再往大的方面讲，文化的约束力也没有消失，请务必牢记这一点。

亚洲对日本企业的意义

日本企业如果不重视亚洲的话就没有未来。为什么亚洲具有如此重要的意义？答案非常简单。因为亚洲是对日本来说最重要的市场。

不论哪个国家的企业，在发展国际化的时候都是从近邻国家开始的。美国的企业最先到邻国加拿大投资，接着是英国。因为这些国家都信仰基督教，都讲英语，而且原本都是一个国家的人。然后，美国公司再到斯堪的纳维亚半岛、德国去投资，接着再去拉丁美洲，最后才来到亚洲市场。

图表10-5 亚洲新兴市场的崛起和全球化竞争环境的变化

20世纪
- 市场指的是有效需求的规模
- 欧美日三极结构（Triad）：以高端为核心的制造业经济 + 金融化
- 东西问题消失：1989年柏林墙倒塌→1991年苏联解体
  →1991年的印度经济改革（cf. 中国经济逐渐市场经济化1978—1992年）

21世纪
- 东西问题消失→商业活动全球化→南北问题的消失
- 世界市场的多元化：(G8-G20)
- 商业活动的复合化：①高端产品、低端产品的两面性；②基于效益经济的产品制造业和基于经验经济的服务业的复合经济
- 市场指的是人口的规模（CAI 三角的重要性）（BOP 也要市场细分化）

出处：太田正孝《超国家化的竞争环境和 CAI 三角》，《早稻田商学第431号》，早稻田大学商学同友会，2012年。

欧洲企业最先在欧洲大陆的周边国家投资，然后就是亚洲国家。因为在过去的殖民主义时期，欧洲国家为了获得资源和领土，很早就来到了亚洲。而西班牙人因为曾经将南美作为自己的殖民地，所以西班牙的企业更愿意优先选择在心理上关系比较亲近的南美。但原则上来说，企业会首先选择物理距离很近，社会、心理、文化上距离也比较接近的国家投资，然后再逐渐往外发展。

然而对日本企业来说，在第二次世界大战以后，即便想到中国大陆投资也进不去；朝鲜半岛事实上也无法投资；东南亚国家都很贫穷，没有市场，只适合作为生产基地。因此，日本企业只能将美国和欧洲国家作为目标市场。在对外投资模式上，只有日本企业是最特别的。

幸运的是现在亚洲国家也富裕了起来。在距离上亚洲国家距离日本企业也最近，而且对包括日本企业在内的各国跨国企业来说，亚洲已经不仅是单纯的生产基地，而是变化为创造市场的地区。特别值得一提的是由中国、东盟、印度组成的 CAI（China Asean India）三角，经济发展速度之迅猛令人惊讶。从今往后，日本企业的国际化投资模式和市场战略终于达成了一致。

游戏彻底改变

在20世纪的日本，曾经流行"日美欧三极"的说法。但现在不论美国还是欧洲都不认为三极是"日美欧"，而是"美欧亚"。

美国的人口约3.4亿人，日本的人口约1.3亿人，欧洲的人口约5亿人，合计约10亿人。这三个经济圈非常富裕，因此很有实力。然而，在东西冷战结束后，中国和印度也开始参与到世界经济之中。

图表10-6 从超国家化的竞争环境和人口看市场规模

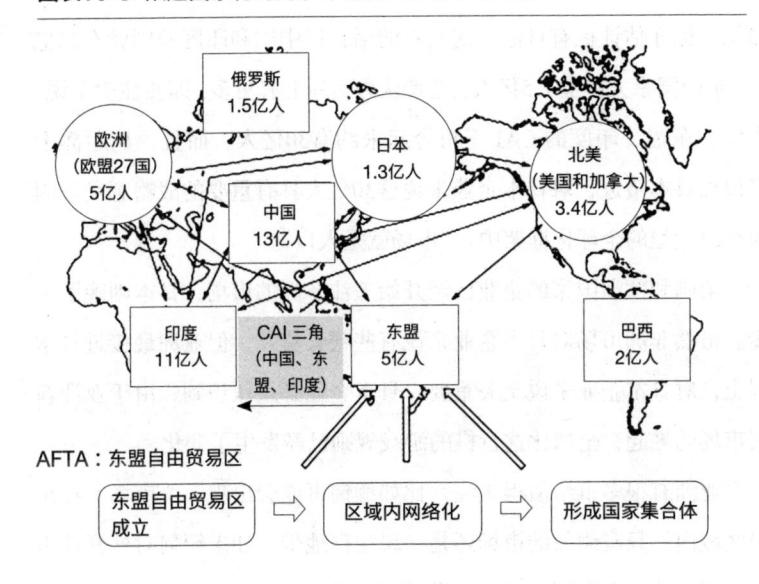

- 俄罗斯 1.5亿人
- 欧洲（欧盟27国）5亿人
- 日本 1.3亿人
- 北美（美国和加拿大）3.4亿人
- 中国 13亿人
- 印度 11亿人
- CAI三角（中国、东盟、印度）
- 东盟 5亿人
- 巴西 2亿人

AFTA：东盟自由贸易区

东盟自由贸易区成立 ⇒ 区域内网络化 ⇒ 形成国家集合体

○ Triad：三极 = 9.7亿人

□ 巨大的新兴市场
（金砖5国 + 东盟10国）= 32.5亿人（其中CAI三角29亿人）

亚洲总人口约40亿（占世界人口的60%）

出处：太田正孝：《亚洲新兴市场和亚洲新兴多国企业》，《国际商务入门》，中央经济社，2008年。

中国的实际人口数字，据统计为13亿以上。有人说印度人口也有13亿，保守估计也有11亿。这么看的话，仅中国和印度两国就有24亿人。东盟国家大体上有5亿人，笔者认为实际上有更多。即便往少了说，中国、东盟、印度的CAI三角合起来约有30亿人。而且，从距离上来说离日本最近，对日本企业来说这30亿人具有重要的战略意义。因为在21世纪的全球化框架中，"市场就是人口"。

美国和欧洲国家的企业已经开始关注非洲的市场，日本则晚了一步。虽然非洲市场对日本企业来说有些鞭长莫及，但亚洲最接近日本国土，对日本企业来说至关重要。日本企业必须认识到，由于亚洲新兴市场的崛起，全球化这盘棋的游戏规则已经发生了变化。

亚洲有很多事情值得关注。比如缅甸可能会出现一个市场。在东盟区域内，只有缅甸的市场还是一块空白地带。如果缅甸对外开放市场的话，就会和泰国、老挝、柬埔寨连成一体。之后，市场还会扩展到孟加拉国。孟加拉国的人口今后也会迅猛增加，据说会超过2亿。孟加拉国的邻国是印度，这些新兴市场都连在一起。

上述这些国家的情况各不相同，但其中有相当多的国家会成为21世纪经济增长的急先锋。这些国家以及BRICS和VISTA，都将成为拉动全球经济增长的发动机。

日本企业必须改变经营战略。日本企业虽然擅长生产高端商品，但是如果只把这些高端商品卖给日本、欧洲和美国的有钱人以及发展中国家的超级有钱人的话，日本企业就不会有明天。

以汽车为例，在全世界约70亿人口中，拥有汽车的人只有20亿左右。但今后印度、中国、非洲以及阿拉伯，购买汽车的人将越来越多。或许有人认为，这些地区的人还买不起日本的雷克萨斯和普锐斯，但韩国的现代汽车和印度的塔塔汽车都已经研发出了适合这些新兴市场的汽车，并且销量上佳。

塔塔汽车是印度塔塔集团下属的汽车企业。塔塔汽车除了生产名为Nano的廉价小型汽车（售价2500美元左右）之外，也在生产捷豹和路虎等高端汽车。或许塔塔汽车是全世界第一家同时生产高端和低端汽车的汽车企业。

虽然不同的行业情况也各不相同，但日本企业只做高端产品的时代已经结束了。日本企业必须深入挖掘低端市场的潜力，通过占领低端市场来提高自身在全世界的影响力。而且与汽油汽车已经普及的发达国家市场相比，在新兴市场销售电动汽车等清洁能源汽车相对更加容易，这更有利于汽车企业从汽油汽车向新能源汽车转型的全球化战略。今后在发达国家向电动汽车转变时也将更加顺利。换言之，新兴国家的发展，也将给发达国家带来好处。笔者认为充分发挥企业的特质同时开发高端与低端市场是非常重要的。从这个意义上来说，企业不能选择"either-or"的战略，而是要采取"both-and"的战略。

服务业的全球化

在思考超国家化时还有一个重要问题，就是服务业的全球化，以及产品业和服务业的复合化。

产品业重视以耐用度和安全度为代表的效用价值和效用经济，产品业很容易实现全球化，技术的推动力在其中发挥着巨大的作用。没用过iPhone的人，不管是哪国人，都会因为"这东西真棒"而购买。在短时间内实现全球化的产品，大多受历史和文化的拘束很小。因此，产品业从最初就以全球市场为目标，进行大规模投资的逻辑是成立的。

服务业则与之完全相反。服务业重视的不是效用价值而是经验价值和经验经济。因为生产和消费是在同一个时空中发生的，所以无法利用库存，也无法提前准备。从某种意义上来说，服务业必须要手疾眼快、随机应变，存在着非常复杂的人为因素。如果产品出现故障，只要更换产品或者更换零件就可以解决问题，但服务业就没那么简单，因为能够发挥同样作用的人才并不是那么简单就能够找到的。

另外，服务业基本上都是本地化的。比如，开餐厅可以只在东京一个地方一直开下去。因为餐厅和旅馆在当地都有着悠久的历史，已经和地区文化融为了一体。

但进入21世纪以后，和产品业一样，服务业的全球化程度也在不断提升。欧美的旅馆业和零售业都通过连锁店将业务扩展到世界各地。与之相比，日本服务业的全球化进程明显滞后。因为迄今为止，日本的服务业在国内做得很好，所以全球化市场意识很薄弱。

日本企业应该如何应对服务业的全球化问题？应该采取什么措施进军亚洲新兴市场？这两个问题需要从战略的角度结合起来进行思考。这也是今后日本企业应该重点解决的课题。

第十一章

会计与金融
——解读经营数字

西山茂

第一节 财务会计、管理会计和金融的目的

与经营相关的数字大体上可以分为两种，一种是会计数字，一种是金融数字。

会计是指站在企业的立场上，通过数字向外部进行报告或者对内部进行经营管理。

金融是为投资者准备的理论。指的是股东和进行股票投资的人，给企业提供资金的金融机构以及持有企业债券的人对企业做出怎样的评价。

也就是说，站在企业的立场上利用数字就是会计，站在投资者的立场上利用数字就是金融。

会计还可以细分为两个领域。

一个是财务会计。主要包括每年或每季度企业对外公布的决算书如何制作，以及对决算书进行分析能够把握哪些信息等。

另一个是管理会计。这是在企业内部使用的数字。通过对数字进行模拟来做出决策，或者根据销售额和成本对各个事业、地区、营业负责人等的业绩进行统计。

第二节 财务会计
——分析决算书

决算书的核心部分包括资产负债表（B/S）、损益表（P/L）以及现金流量表如图表11-1，下面我们学习一下解读这些财务报表的基本要领。

解读资产负债表（B/S）的要领

资产负债表（B/S）类似于决算日的"照片"。日本企业大多在每年3月份进行决算。大家可以把这些公司的 B/S 看作是用数字表示3月31日公司经营状况的"照片"。B/S 代表的是公司如何筹集资金，左侧代表的是公司以什么样的形式持有这些资金见图表11-2。在解读这些数字的时候，需要注意以下四个要点：

图表11-1 与经营相关的数字的三个领域

```
┌─────────────────────────────────┐
│   金融：是投资者（资本市场）        │
│        评价企业的思维方法           │
└─────────────────────────────────┘
                ⇩
┌───────────────────────────────────────┐
│ 财务会计：向外部报告以及分析的方法       │
│                ⇧                       │
│ 管理会计：在企业内部进行管理的方法       │
│   做出决策            评价业绩          │
│                                        │
│ 会计：企业的经营管理者把握企业状况       │
│       以及向外部报告的方法              │
└───────────────────────────────────────┘
```

1. 安全性

通过 B/S 可以搞清楚的第一件事情就是企业的安全性。首先是左侧的资产，包括日本在内的很多国家的很多企业，都是从上到下按照容易变现的顺序排列资产。位于最上方的流动资产是指现金、银行存款、应收账款、库存等容易变现的资产。位于下方的固定资产是土地和建筑物等。这些资产不容易马上变现。因此，上面的项目金额越大意味着企业越安全。

再来看右侧的情况，这一侧的负债是按照支付顺序进行排列的。位于最上方的流动负债是"必须马上偿还的债务"，一般包含必须在一年以内偿还的债务。下面的固定负债是指"可以慢慢偿还"的债务，一般是预计一年以上偿还的债务。

最下面的是从股东那里筹集来的资金，被称作净资产。从股东那里筹集来的资金是不必偿还的。也就是说，从股东那里筹集来的净资产越大，企业就越安全。

简而言之，B/S左上和右下的数值越大，企业就越安全。反之，右上和左下的数值越大，企业就越危险。

2. 净资产比率

一般的企业从股东那里筹集来的净资产有多少呢？这个数字因行业不同而不同，制造业和零售业等企业一般占全部资产的30%—40%，也就是占1/3的情况比较多。剩下的2/3是从银行借来的贷款等负债。以这一比率为基准就可以判断企业在资金的筹集方面是否安全。一般来说，如果净资产的比率超过五成，这个企业就是相当安全的。相反，如果净资产只有10%的话，则属于相当危险的。

3. 资产构成

B/S左侧的资产大体上可以分为三类，其一是能够快速变现的流动资产；其二是土地、建筑物、机械等有形的固定资产；其三是其他资产。制造业、零售业的公司这三项资产分别占资产总额的1/3。以此为基准，就可以看出该企业在运营过程中哪一项资产使用的更多一些？比如流动资产超过资产总额的五成，说明该企业主要以容易变现的资产开展事业。具体来说，可能是手头拥有大量现金或者应收账款，还有即将销售的库存，等等。

假如有形固定资产超过资产总额的五成，就属于设备投资型企业。比如铁路公司、电力、煤气等能源行业的企业等，这种倾向比较明显。

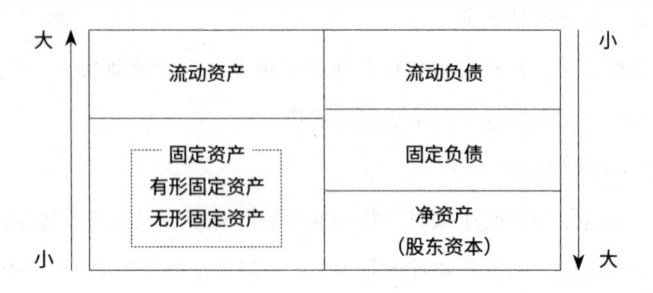

图表11-2 资产负债表（B/S）的着眼点

流动资产 (大)	流动负债 (小)
固定资产 有形固定资产 无形固定资产 (小)	固定负债 净资产 （股东资本）(大)

1. 安全的 B/S：左侧（资产）上面大、右侧（负债、净资产）下面大。
2. 净资产／总资产的比率，大多在30%—40%。
3. 资产可以分为流动资产、有形固定资产以及其他三类，一般的企业各占1/3左右。
4. 在无形固定资产中，企业价值能够反映出并购的痕迹。

4. 企业价值

最近，B/S 左下部分的无形固定资产的金额变大的企业越来越多。一般情况下，增加的金额都是"企业价值"。

企业价值与并购有着密切的关系。比如要收购一个拥有土地、建筑以及资金相当于100亿日元的企业，需要支付150亿日元。之所以要多支付50亿日元，是因为被收购的企业拥有技术、营业能力等无形的价值。用于评估无形资产价值的就是企业价值。

企业价值只有在并购时才会出现在 B/S 之中。虽然在公司内部成立新部门，这个部门顺利发展也能培养出营业能力和技术能力，但这种无形的价值是不会反映在 B/S 上的。也就是说，如果一个企业的企业价值很高，说明这是一个通过并购成长起来的企业。反之，如果没有企业价值，则说明这个企业基本是靠内部投资成长起来的。

最近，并购的企业越来越多。因为在急剧变化的国际形势之中，越来越多的企业希望尽快进军各个领域和地区，并购是最有力的手段。

但并购的问题在于，要想让两个没有任何关系的企业合二为一，需要花费大量的时间和精力。但即便存在这样的问题，仍然有很多重视效率的企业采取并购的方法来加快发展速度。企业价值越高，说明这个企业并购的态度越积极。

解读损益表（P/L）的要领

损益表（P/L）是企业一年经营活动的报表，其最重要的内容是销售额。销售规模是保持竞争优势的关键之一。庞大的规模和市场占有率，是竞争力的源泉。所以在解读P/L时，必须关注销售额。

其次是销售总利润。这是销售额减去成本后剩余的利润。销售总利润与销售额之间的比率非常重要。对很多行业来说，成本都占销售额的70%—80%。但也有一部分企业的成本率只有20%—30%，也就是说销售总利润率高达70%—80%。比如化妆品行业，资生堂和高丝的成本率就在20%—30%，拥有非常高的总利润率。但化妆品生产企业虽然拥有极高的利润率，在品牌构筑和促销上要投入大量的资金。可以说为了维持高利润率，品牌形象和促销宣传的成本投入是必不可少的。

一般来说，总利润率高的行业有充足的资金来承担成本。反之，总利润率低的行业则需要提高运营效率来控制成本。

接下来是销售管理费。在销售管理费中，包含研发费用和广告宣传费用。如果是生产企业，需要看其在研究开发上投入了多少；如果是销售企业，则要看其在广告宣传上投入了多少。

尤其需要注意这些费用与销售额的比率。研发费用和广告宣传费用属于"进攻成本",由此可以看出企业在进攻上投入了多少比重。

大型生产企业的研究开发费平均占销售额的4%—5%。汽车生产企业一般都处于这个平均水平。比如丰田汽车的研究开发费用虽然不足4%,但因为丰田汽车的销售额中包括汽车金融业务。如果只算汽车业务的话,研究开发成本所占的比例大约在4%。在日本汽车生产企业中,研究开发费率最高的是本田,一直以来都投入销售额的5%用于研究开发。但丰田的销售额大约是本田的2倍,所以丰田用于研究开发的资金比本田更多。

销售企业投入的广告宣传费用大多占销售额的3%—5%。

不过,研究开发费用和广告宣传费用占销售额的比率因行业不同也有所不同。所以看这个企业投入的比率在行业中处于什么地位也很重要。

图表11-3 损益表（P/L）的着眼点

销售额	确认销售规模在行业的位置
销售成本	
销售总利润	确认销售总利润率、利润出发点水平，确认销售管
销售费及一般管理费	理费的详情（研究开发费、广告宣传费）
营业利润	
营业外利润	确认营业利润率，事业附加价值的水准
营业外成本	
经常利润	
特别利润	
特别损失	
税金等调整前当期净利润	
法人税、住民税及事业税	
当期净利润	

　　再接下来是营业利润。这是指主业的利润，具有非常重要的意义。营业利润率的水准也因行业的不同而不同，很多全球化的优良企业一般都能够保证在10%左右。所以只要拥有10%左右的营业利润率，就可以认为这个企业拥有较强的主业盈利能力，属于优良企业。但需要注意的是，营业利润率也要在同行业中进行对比。

解读现金流量表的要领

现金流量表是以现金的动向为基础对一定期间内的企业动向进行统计的结果。现金流量表分别对营业活动、投资活动、财务活动三项进行统计。

营业活动的现金流统计的是事业的盈利额度。

投资活动的现金流统计的是企业在设备投资和并购等投资中资金的使用情况。其中不仅包括进行投资支付现金的情况，也包括出售设备和事业部门回收资金的情况。

财务活动的现金流统计的是该企业和为该企业提供资金的银行、股东之间的往来账目情况。企业和股东之间的往来账目包括股东增资和企业支付红利等。企业和银行的往来账目是指企业从银行贷款，归还银行贷款等情况。

通过上述三个现金流的情况，可以发现该企业的经营倾向。图表11-4是稳定企业、发展企业、重组企业的三种最典型的模式。

图表11-4 现金流量表的着眼点

(以现金流为基准分析企业的经营活动)

	稳定企业	成长企业	重组企业
营业活动	++	+	+
投资活动	−	− −	0或 +
财务活动	−	+	− −
	(分红或者购买本企业股票)	(增资或债务的增加)	(压缩债务)

先来看稳定企业，因为稳定企业大多能够从业务上获取充分的利润，所以营业活动的现金流是很大的正数。但稳定企业因为没有必要进行太大的投资，所以收益往往局限在营业活动范围内。稳定企业资金有富余的情况下，就会考虑通过分红和回购股票来回报股东，结果导致稳定企业的财务活动现金流经常是负数。

再来看成长企业，虽然成长企业也能在营业活动中赚取大量现金。但企业为了继续发展，要在设备投资和并购等投资活动中投入大量的资金。为了填补这个资金缺口，企业需要请求股东增资或者从银行贷款。因此，成长企业的财务活动现金流常常是很大的正数。

最后是重组企业。虽然这类企业在营业活动中有一定的利润，但投资活动非常谨慎，还可能在卖掉一部分事业后，使营业活动的现金流变成正数。这样一来，重组企业的营业活动和投资活动现金流合计就很有可能表现为正数。此外，重组企业可能有很多负债。在这种情况下，企业就要用盈利部分来还债。也就是说，在很多情况下重组企业的财务活动现金流都可能为负数。

第三节　财务会计问答

图表11-5是笔者以5个公司的决算书为基础制作的数据表。这5家公司分别为佳能、迅销、7&i控股、武田药品工业、三井不动产。

位于最上方的B/S，表示的是流动资产、固定资产以及净资产在总资产中所占的比率。位于中间的P/L表示的是成本和利润在销售额中所占的比率。最下方是追加信息，表示的是总资产周转率（销售额÷总资产），说明了B/S和P/L的大小关系。此外，笔者还加入了表示从顾客回收款项的销售债权周转率、表示库存天数的库存周转率等信息。

大家可以猜猜看这些数据分别是哪个公司的。

图表11-5 财务分析的竞猜问答

（问题）
下表总结了5家公司（佳能、迅销、7&i控股、武田药品工业、三井不动产）的财务报表的构成比率。从 A 到 E 分别是哪个企业？另外，请给出选择这个公司的理由。
各公司的数值是以2009年度或者2010年度的合并财务报表为基础计算得出的。因此，集团公司的数值也包括在内。大家想一下公司主业就可以在一定程度上猜出来。此外，盈亏计算表中的研究开发费用是"-"的地方代表无法确认数值，可以认为是零。

	A	B	C	D	E
流动资产	37.7%	53.5%	24.6%	68.1%	56.9%
含金融资产	21.5%	23.5%	1.5%	39.8%	31.4%
有形固定资产	33.4%	30.2%	58.8%	9.9%	14.6%
无形固定资产	8.7%	3.8%	0.8%	9.4%	18.6%
投资及其他资产	20.2%	12.5%	15.9%	12.6%	9.9%
资产合计	100%	100%	100%	100%	100%
流动负债	36.1%	22.5%	17.3%	39.9%	15.7%
固定负债	16.3%	7.0%	55.1%	3.3%	7.6%
净资产	47.6%	70.5%	27.6%	56.8%	76.7%
负债净资产合计	100%	100%	100%	100%	100%

	A	B	C	D	E
销售额	100%	100%	100%	100%	100%
销售成本	65.7%	51.9%	81.0%	48.3%	22.4%
销售总利润	34.3%	48.1%	19.0%	51.7%	77.6%
销售费用及一般管理费	29.5%	37.6%	10.5%	35.4%	51.8%
含广告宣传费	2.0%	2.6%	1.5%	4.6%	1.7%
含研究开发费	-	8.5%	0.0%	-	20.4%
营业利润	4.8%	10.5%	8.5%	16.2%	25.9%
营业外收益	0.2%	0.2%	0.5%	0.1%	2.1%
营业外费用	0.2%	0.1%	2.2%	1.2%	1.8%
经常利润	4.7%	10.6%	6.8%	15.2%	26.2%
特别利润	0.4%	0.0%	1.5%	0.1%	0.0%
特别损失	0.8%	0.0%	2.4%	1.0%	0.0%
税前利润	4.4%	10.6%	6.0%	14.3%	26.2%
法人税等	2.2%	3.9%	2.4%	6.8%	8.7%
当期净利润	2.2%	6.7%	3.6%	7.6%	17.5%

注：为方便起见，法人税中包含少数股东损益部分。根据美国标准，营业外损失和特别损益可以适当分解。

续图表

	A	B	C	D	E
总资产周转率	137%	93%	37%	161%	51%
销售债权回收期	10日	55日	6日	7日	76日
库存周转期	17日	73日	209日	69日	158日

注：总资产周转率是用总资产除以销售额而得到的数值；销售债权周转期是指在卖给客户之后在多长时间能够回收销售款；库存周转期是指库存持续时间的数值。

首先，最有特征的是E。其研究开发费占销售额的比率非常高，大约为20%。大企业的研究开发费占销售额的平均比率是4%—5%，E远远超过这个平均值，处于极高的水准。能够投入如此多研究开发费用的只能是制药企业。以新药开发为基础的制药公司一般在研究开发费上投入的资金占销售额的15%—20%。因此，可以认为E就是武田药品工业。

E除了上述特征之外，还有其他特征。第一个是成本率很低，销售总利润高达80%。这是与化妆品行业相同的水准。药品本身的成本很低，所以只要能够开发出好药，利润就会特别大。但对制药公司来说，从发现好药到实现销售的过程非常辛苦。因此，制药公司会将赚取的巨额利润用于下一阶段的研究开发。这就形成了制药公司的商业模式。

另外，E的销售债权回收期最长，长达76天。这是医疗行业的普遍特征。通常，日本医疗企业的销售债权回收期超过100天的情况很多。这与医疗保险制度有着密切的关系。医疗机构和药店在给有医保的患者看病和销售药品之后，要向医疗保险机构申请支付这部分现金，医疗保险机构则要审查医院的诊疗记录和药房销售了什么药品，一般在两个月以后，医院和药店才能得到现金。这也间接导致制药公司需要很长的时间回收销售债权。这可以说是制药行业的特色。

制药行业的另一个特色是库存周转时间长达158日。美国、欧洲国家的制药公司的库存天数大多为150—200日。造成这一情况的主要原因是制药公司必须储备大量的药品以备不时之需，同时，药品的保质期很长，很多药品的有效期限都是好几年。因为药品不会在短时间内坏掉，所以制药企业都倾向于多准备一些库存。

虽然制药公司销售债权的回收期很长，而且药品的库存时间也很长，但因为制药行业的利润率很高，所以完全能够抵消上述不利于经营的因素。

再来看 E 的净资产，高达76.6%。而且金融资产也有30%，财务健康水平出类拔萃。这也是许多制药公司的共性。一般来说，开发一种新药平均需要10年左右的时间，而且还有开发失败的风险。因此，制药公司的财务健康必须足够强，才能应对这么长的开发周期以及可能存在的失败风险。

综上所述，制药公司拥有非常明显的特征，因此可以判断 E 就是武田药品工业。

顺便说一下，研究开发费所占销售额比率之高仅次于制药公司的行业是综合电机制造商和 IT 相关企业。比如谷歌和微软的研究开发费占销售额比率为12%—15%。

其次特征比较明显的就是 C。先说答案吧，这是三井不动产。

三井不动产的商业活动有三根支柱。第一根支柱是将自己拥有的办公大楼对外出租的"租赁业"；第二根支柱是修建住宅小区并对外出售的"销售业"；第三根支柱是修建购物中心并进行运营的"运营业"。

因为租赁业需要拥有大楼，所以有形固定资产的占比很大。大体上占总资产的六成左右。而"销售业"因为从拿到土地到开工建设和销售所需的时间很长，所以库存周转期也很长，实际上大约在200天。

但三井不动产的销售债权周转期很短。"租赁"和"运营"通常都是先收租金，所以基本不会出现应收账款。而"销售业"也会在楼房销售出去之后立即获得现金或者银行提供的贷款。因此，几乎没有应收账款。

那么，剩下的A、B、D分别是哪个公司呢？

A和D十分相似，让人难以分辨。共同点之一就是两者的资产周转率都很高：A为137%，D为161%。资产周转率高意味着销售额比资产金额还要高，也就是说这两个公司很可能是在大批量销售。

A和D的另外一个共同点就是销售债权回收期短。这意味着将商品或者服务销售给顾客之后，很快就能够回收销售款，也就是现金销售的比率很高。

大批量的现金销售，很有可能是流通行业。那么，A和D哪一个是迅销，哪一个是7&i控股呢？

区分的关键在于以下几点：首先是库存。A的库存时间更短。从经营的商品种类来看，7&i控股拥有生鲜食品，不能长期库存。虽然迅销也在压缩库存，但迅销的商品以服装为主，所以与7&i控股相比，库存要稍微多一些。

其次是营业利润率。A为4.8%，D为16.2%。迅销的业绩虽然不是很稳定，但基本上来说情况还不错。

接下来看成本率，A为65.7%，D为48.3%。与食品相比，服装的成本率更低。而且迅销虽然价格便宜，但毕竟属于制造零售业，可以通过控制成本来获取不低的利润。

由此可见，A是7&i控股，D是迅销。

关于7&i控股笔者再多说两句。从图表上可以看出，A的成本率为65.7%，总利润率为34%。7&i控股的核心业务之一是伊藤洋华堂。但伊藤洋华堂的业务能够取得34%的总利润率吗？笔者认为这是非常困难的。伊藤洋华堂经营的是大型综合超市，总利润率通常在25%左右。其中食品的总利润率为20%左右，日用杂货和服装等其他商品的总利润率为30%左右，加在一起的总利润率为25%左右。这也是这个行业的普遍情况。

那么，为什么7&i控股的总利润率会达到34%这么高呢？其中最主要的原因就是7-11便利店。7-11是连锁加盟便利店。总公司会从各加盟店收取加盟费，这一项的年收入高达5000亿日元左右。这一切都包含在主业的收益也就是营业收益中，所以总利润率就变得非常高。

使用排除法，最后剩下的B就是佳能。要想做出直接的判断恐怕很难，但通过研究开发费这一项或许也能猜得出来。研究开发费最明显的只有B和E。由此可见这两个都是生产企业。其中E是武田药品工业，那么剩下的B就是佳能。而且，8.5%的研究开发费比率也算比较高。虽然这是相机行业的特征之一，但也说明了佳能对研究开发的重视程度。

将正确答案总结之后，得出以下结论。

A：7&i控股

B：佳能

C：三井不动产

D：迅销

E：武田药品工业

第四节 金融
——为投资者准备的理论

金融的含义和 DCF 法

所谓金融，指的是从投资者的角度思考如何对企业和事业进行评价。换句话说，金融是为投资者准备的理论。但值得注意的是，金融并非是只为投资者准备的理论。对被评价的企业来说，也要理解投资者的思维方式并朝着能够受到好评的方向前进。只有这样，投资者对企业的评价才会提高。如果企业得到投资者的高度评价，股价就会上涨，总市值也会增加。也就是说，通过金融的思考方式，企业可以找到提升自己企业股价和总市值的方法。这也是金融要实现的目标之一。

那么，金融理论是如何对企业进行评价的呢？接下来笔者为大家介绍的方法，是在计算并购金额以及计算上市企业的理论总市值时都会实际用到的方法。虽然计算的方法有多个，但笔者只介绍一个最有代表性的方法，那就是 DCF 法。

DCF 是 Discounted Cash Flow（现金流量折现）的简写。这是预测该企业将来能够赚取多少现金，并将这一预测值与现在的企业价值进行折现计算，在此基础上对该企业做出评价的方法。金融学上经常使用现金流这个概念作为衡量企业能够赚取多少现金的尺度。

　　折现是指将利息等因素考虑在内，把企业将来的盈利置换为现在的价值。比如将现在盈利1亿日元和一年后盈利1亿日元进行比较，就可以发现两者的价值是不同的。如果将现在已经赚到的1亿日元存到银行的话，一年后可以拿到利息。因此，一年后赚到1亿日元与现在已经赚到的1亿日元相比，价值的差额就是一年的利息。所以，就产生了折扣的概念。

　　此外，还需要考虑风险因素。风险意味着不确定性和变动。如果盈利的前提发生变化，企业可能无法实现预测的盈利数值。预测在一年后能够盈利1亿日元，但实际上可能只盈利9000万日元，或者也可能盈利1亿1000万日元。而3年后、5年后的盈利情况更加不确定。考虑到这些因素，需要对将来的盈利进行折现。

图表11-6　评价企业价值的代表方法——DCF（Discounted Cash Flow）法的概念图

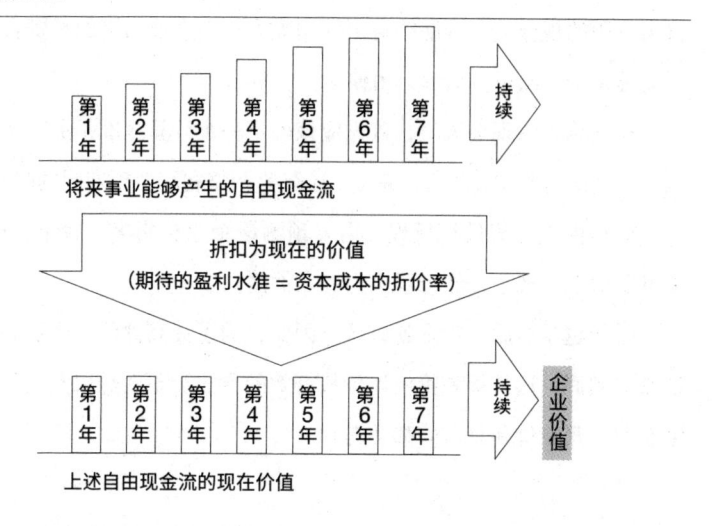

将来事业能够产生的自由现金流

折扣为现在的价值
（期待的盈利水准 = 资本成本的折价率）

上述自由现金流的现在价值 → 企业价值

像这样，在考虑到利息和风险的基础上企业将来现金流上的盈利都置换为现在的价值，把这些价值全部合计起来就是企业的价值。

用 DCF 法计算企业价值时有两个重点：一个是如何预测企业将来的现金流；另一个是以什么比率进行折扣，也就是说如何判断利息和风险。

利润的基准是自由现金流

之所以不用利润而是用现金流来对企业进行评价，是因为如果企业没有得到现金的话，就不能说企业真的赚到钱了。比如销售商品，销售额上升，计入了利润。但如果企业不去要账，钱就到不了企业的账户。一般来讲，从企业发出催账单到收到现金要花费一个月到两个月的时间。因此，用现金流进行评价更加准确。

实际上，还有"自由现金流"这个概念。这个概念的意思是能够自由使用的现金流。谁能够自由使用呢？是向企业出资的投资者和向企业提供贷款的银行能够自由使用。

在计算自由现金流时，首先应该确定一个计算基准，那就是营业利润。其次需要扣除税金。最后，还需要调整利润变现期间的时间差。

对自由现金流进行折现，需要预测该企业在明年、后年、5年后能够赚取多少现金，然后置换为现在价值。

时间越是靠后，折现就越低。因此，为了提高评价，企业必须尽快赚取利润。这是提高价值评价最有效的方法。不断赚取利润的成长型企业，其股价和总市值都会提升。

折扣率就是资本成本

那么,如何考虑用于计算折现的利息和风险呢?这个问题要站在投资者的立场上来思考。股东和借钱给企业的银行希望从企业获取的回报被称为资本成本。

如果从企业的角度来看,这属于资金筹集成本,也就是企业为了筹集资金花费多少成本。

图表11-7 盈利的基准:自由现金流

营业利润	100
法人税等(40%)	40
税后营业利润	60
调整利润和现金流的偏差	
(+)尚未支付的费用(折旧费等)	20
(-)投资额(设备投资额等)	30
(-)运营资本增加额(应收账款、库存的变化部分)	15
自由现金流	35

①为什么使用现金流?
因为要用能够印证的东西进行评价

②什么叫自由现金流?
在企业经营中获取的利润

③企业为了尽快赚取自由现金流该怎么做?
- 不断发展、成长
- 制定稳健的营业模式
- 提高企业运营效率

那么,资本成本是由什么决定的呢?决定资本成本的因素有三个。

第一个因素是银行利率。投资者在进行投资之前会将所有的投资选择进行比较,比如投资者会将投资企业和购买国债相比较。国债很安全,如果国债的年利率是2%的话,那么购买国债肯定能够获得2%

的收益。在这种情况下，如果投资者购买企业的股票，当然会期待收益率超过年利率2%的国债。也就是说，资本成本的底线是国债的利率。

第二个因素是风险。风险意味着"不确定性"和"波动"，未必是指"损失"。如果企业在来年确实能够盈利100亿日元，就不会有风险。但企业在来年虽然肯定可以盈利，却无法确定盈利金额是100亿日元，还是10亿日元或者1亿日元，这就属于有风险。因为存在不确定性和波动。

通常，向盈利不确定性很高的企业投资的投资者，期待的是更高的盈利。这就是常说的高风险高回报。而低风险低回报则是指不确定性很低的话，赚的利润也不多。总而言之，在投资者看来，是否能够预测将来的盈利情况，将决定对盈利的期待水平。

比如铁路行业盈利很稳定，能够预测到较远的未来的盈利情况。JR东日本只要不发生突发性事件，其明年、后年的盈利额度是较容易预测的。那么JR东日本的股东就不会对盈利有太高的要求。也就是说，只要比国债的利率稍高一些就可以了，但IT企业一般来说很难预测将来的盈利情况。因此，股东期待能够获得远远超过国债利息的高额回报。

第三个因素是企业的贷款规模。企业在筹集资金时，大致上有从股东手里筹集资金和向金融机构贷款两种方式。那么，在这两种方式中哪一个对投资回报率的要求比较高呢？答案是股东。

因为向金融机构贷款的话需要支付利息。支付利息会导致利润减少，利润减少缴纳的税金也会减少。日本的企业一般需要缴纳利润40%的税，如果支付利息5000万日元，利润也会相应减少5000万日元。

按照40%的税率计算，税金也会减少2000万日元。这样一来，企业实际只负担了3000万日元利息。借款利息可以节省税金，为企业减轻不少的负担。

如果从股东那里筹集资金会怎样呢？股东通过股息红利或股价上涨来获得投资回报，但企业业绩不好的话就得不到股息红利。而且，股价会发生波动，谁也说不好股价是否会上涨。如果企业破产，股东还有可能会血本无归。从这个角度来说，投资股票的风险相当高。即便如此，股东仍然向企业投资，目的就是为了多赚钱。

从这个角度来思考的话就会发现，如果企业需要从外部筹集资金，由于股东要求的资金回报率很高，所以不如提高从金融机构贷款的比率，这样做企业的负担反而会减小。

根据上述要素，投资者对企业要求的资金回报率也会发生变化。

在银行利息高的时期，从事高风险行业的企业如果只是从股东那里筹集资金的话，股东要求的资金回报率自然很高。反之，在银行利息低的时期，从事稳定的低风险行业的企业适度地使用银行贷款的话，股东对资金回报率的要求也会降低。

图表11-8 投资者期待的资金回报水准 = 资本成本

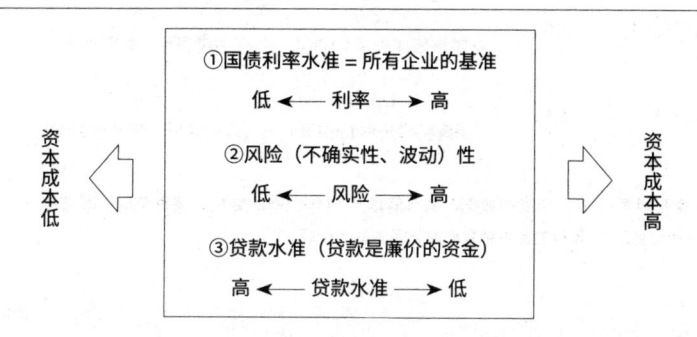

```
             ①国债利率水准 = 所有企业的基准
                  低 ←── 利率 ──→ 高

资本              ②风险（不确实性、波动）性              资本
成本                                                    成本
低  ⇐           低 ←── 风险 ──→ 高                ⇒   高

             ③贷款水准（贷款是廉价的资金）
                  高 ←── 贷款水准 ──→ 低
```

PART II　管理学的基础　　227

资本成本、企业发展和总市值的关系

图表11-9（见下一页）是佳能、三井不动产、迅销的总市值、营业利润以及资本成本（资本成本是根据假设的条件计算出来的）。

企业的总市值是由投资者对企业的评价结果决定的，相当于从股东的立场来看的"公司价值"。主要包括两个要素：一个是企业的盈利能力以及成长潜力，另一个是投资者对资金回报率的要求水准。

下面看一下各个企业的实际情况。佳能虽然业绩一直在稳步提升，但事业领域的竞争也越发激烈。在这三家企业之中，佳能的风险性排在中位。但佳能的贷款很少，只用股东的资金进行经营，所以资本成本较高。但佳能最近的销售额成长率很高，因此，佳能的总市值相当于营业利润的10倍以上。

图表11-9 股票的总市值和资本成本、成长率的关系

	总市值 （兆日元）	营业利润 （千亿日元）	资本成本 （%）
佳能	4.5	3.9 （销售额成长率15.5%）	8.2 （中度风险、零贷款）
三井不动产	1.0	1.2 （销售额成长率1.5%）	4.5 （中度风险、贷款额大）
迅销	1.5	1.3 （销售额成长率18.9%）	6.9 （风险较低、贷款接近零）

注：营业利润是2010年度的数据，总市值是2011年秋季的数据，销售额增长率分别以2009年度至2010年度的合并销售额增长率为基础计算。

三井不动产的风险属于中等程度，但不动产事业从银行的贷款很多，所以资本成本较低。此外，三井不动产的销售额增长率并不高。因此，三井不动产的总市值达不到营业利润的10倍。

迅销不像佳能那样对新技术的依赖很强，因此其风险较低。此外，迅销的贷款基本为零，只使用股东的资金，所以资本成本较高。结果，两者相抵消，使迅销的资本成本正好位于佳能和三井不动产之间。由于迅销的销售额增长率很高，所以迅销的总市值和佳能相同，也是其营业利润的10倍多。

从投资者的视角来进行思考是金融的关键所在。投资者以现金流为基础，并期待其今后能够继续增长。另外，投资者希望得到多少回报，即资本成本率是多少也是非常重要问题。一般来说，企业很难对资本成本进行控制，因为企业没有办法来决定利息，而且风险也是由企业所在的行业和经营状况决定的。企业能够控制的只有一个，那就是向银行贷多少款。但企业如果向银行贷款过多，也容易使财务的风险提升。

第五节　管理会计
——决策和业绩评价

做出决策

管理会计是企业在内部进行经营管理时使用的数字,其作用主要包括两个:一个是通过数字模拟来帮助做出决策,另一个是业绩的评价。

首先,用数字模拟与财务会计和金融存在着密切的联系。财务会计的决算书对企业来说非常重要,企业在做出决策时要考虑如何提高决算书的评价。金融也要思考如何吸引投资者的目光,也就是说提高决算书的评价,并吸引投资者的关注,是企业进行经营决策的重要课题。

经营决策具体来说就是做出"开展这个事业是否能赚钱""在现有的事业中,哪个能够赚钱"之类的判断。在这个时候,需要将管理会计分为短期和长期来分别进行思考。

短期是指能够在一年以内取得结果的决策。如果能赚钱就做,如果不能赚钱就不做,判断起来非常简单。判断的基准是利润,因为一年内的利润是经过所有的调整后计算出来的结构,比现金流更加准确。

长期是指一年以上，3年、10年取得结果的决策。这基本和金融的思考方法一样，也就是需要预测这项事业将来能赚到多少现金流，然后将这个现金流折现后进行评价。企业可以用投资者评价企业时相同的方法对自身的事业进行评价，这种评价方法被称为NPV（净现值）法。

图表11-10 决策的基准与方法

这个事业能赚钱吗？　　　　哪个事业能赚钱？

①长期（超过1年的事业）＝ 站在与投资者相同的立场上
根据将来的现金流折现后的金额大小进行评价
NPV 法（净现值法）

根据现在价值能够盈利多少来进行评价的方法
②短期（1年以内的事业）＝ 和决算书使用相同的标准
根据利润的大小进行评价

进行业绩评价

用于业绩评价的管理会计的主要课题是对每年的业绩进行统计和管理，关键包括以下几点：

第一是统一企业、事业部门以及个人的前进方向。比如，处于成长期的企业做出"现在提高销量是最重要目标"的判断，就要对各事业部门和个人下达这一目标。而处于稳定期的企业做出"现在提高利润和投资效率是最重要目标"的判断，也要将这一目标传达给各事业部门和个人，统一前进的方向。

比如某公司对营业部门进行评价时，首先采取了重视扩大销售额的方针，将扣除公关费之前的利润作为评价基准。也就是说，营业部门可以大力公关，搞好和客户之间的关系，提高销量。但后来这家公司又采取了重视利润的方针，将扣除公关费之后的利润作为评价基准，结果营业部门的公关费一下子变成了零。由此可见，通过改变评价的基准，可以改变员工采取的行动。所以，企业整体保持统一的前进方向非常重要。

另外，进行业绩评价的时候，保证公平、让每个人都能理解和接受也很重要。比如将总部的成本分摊到各个事业部门的时候，绝对不能让个别部门提出"为什么我们要负担这么多"的抱怨。因此，保证公平非常重要。

还有一个需要注意的是，"简单易懂，能够共享"。很多企业用ROE和EVA作为业绩评价的基准，虽然企业高层和经营企划负责人理解这些概念的含义，但现场的员工往往难以理解这些专业术语。在这种情况下，企业很难团结一致朝相同的方向前进。因此，经营者必须用简单易懂的语言让现场的员工理解企业的方针和目标，做到目标共享。

日产汽车在"日常复兴计划"之后，又提出了"日产180"的目标。这就是一个非常简单易懂的目标。其中"1"指的是从目标提出时开始售出100万辆汽车，"8"指的是实现营业利润8%，"0"指的是汽车事业无贷款。"180"的目标在日产内部很快就实现了共享，所有的员工都知道目标的意义，以及当前的达成度。

另外，关于业绩的评价也出现了很多新的方法。有的企业采用EVA作为评价基准。这是以资本成本为基础，站在是否能够满足投资者期待的角度进行评价的方法。上市公司一般会采用这种评价方法。另外，也有的企业利用 BSC 来作为评价的基准。

综上所述，站在投资者的角度对企业进行评价的金融，对决算书进行分析的财务会计以及用于进行决策模拟和内部业绩评价的管理会计这三者虽然领域各不相同，但相互之间存在着非常紧密的联系。

现在很多企业在向投资者提供的报告书中列出企业内部经营管理的结果，将投资者感兴趣的内容尽可能详细地表现出来，其中包括决算书中难以体现的员工能力、知识资本和环境对策等内容。因此，将金融、财务会计以及管理会计三者结合到一起进行理解和应用，对企业的经营者来说至关重要。

第十二章

经营者的作用
——必要条件和充分条件

法木秀雄

领导者能力的优劣，将极大地影响企业的业绩。

笔者曾经工作过的日产汽车在1999年陷入经营危机，雷诺的卡洛斯·戈恩前来帮助日产进行重建，成功地使日产起死回生。笔者将通过这一事例为大家总结出一名经营者应该具备的能力，并对培养这些能力的方法做以解说。

为了提高经营能力，必须掌握商业活动所必需的核心技能。这些都能在商学院学到，是提高经营能力的必要条件。除此之外，还要锻炼判断力、执行力以及个人素质，这些必须通过日常经验的积累才能掌握的能力也非常重要，是提高经营能力的充分条件。

这些充分条件和必要条件都包括什么，应该如何才能掌握呢？让我们通过日产起死回生的案例来进行一下思考。

日产为何陷入经营危机

笔者在1970年左右入职日产汽车的时候，丰田和日产被称为日本汽车行业的"两横纲"。从当时日本国内的新车销售数量上来看，丰田为160万辆，日产为130万辆，可以说相差无几；单看小轿车的市场份额，日产甚至更高一些。不过要是加上商用汽车、卡车等品种的话，丰田的市场份额要略高于日产。当时，日产有很大的机会超过丰田。实际上，在汽车的月销售数量上日产也曾经超过丰田。

但从1985年左右，日产和丰田之间的差距开始拉大。卡洛斯·戈恩就任日产 CEO 的2000年，日产在日本国内的市场份额已不足丰田的一半。

从日产的业绩来看，在泡沫经济崩溃前的1989年，日产纳税后的当期利润是1200亿日元左右。但1993年3月期的决算就出现赤字，此后一直亏损，到了1999年终于陷入经营危机。

　　导致日产出现经营危机的主要原因是，日产在泡沫期贷款进行了大量的设备投资。在工厂大量导入机器人推行自动化，对国内2000个左右的销售网点进行了升级改造，仅在日本国内就进行了4000亿—5000亿日元的投资。

图表12-1　日产与丰田的差距从20世纪80年代开始逐渐扩大

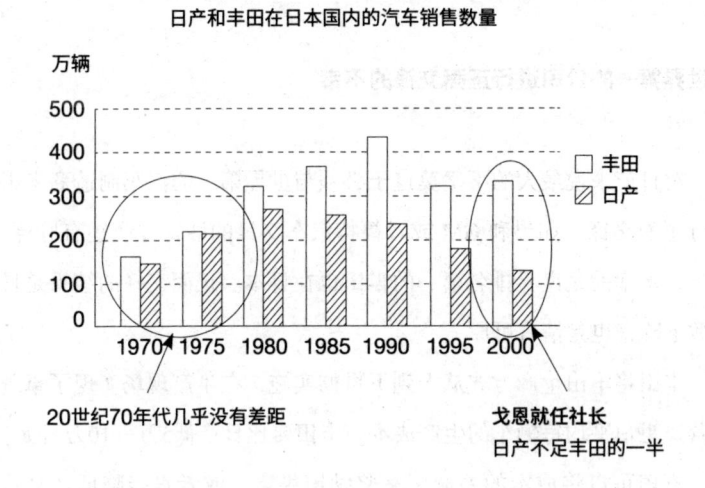

日产和丰田在日本国内的汽车销售数量

万辆

```
500
400
300
200
100
  0
    1970  1975  1980  1985  1990  1995  2000
```

□ 丰田
▨ 日产

20世纪70年代几乎没有差距　　　　　　戈恩就任社长
　　　　　　　　　　　　　　　　　　日产不足丰田的一半

　　投资所需的资金都是通过可转换公司债和银行贷款筹集来的。因为可转换公司债在企业股价上涨的情况下可以换成股票，所以就没有偿还的必要。在股票上涨的情况下，可转换公司债是非常有利的筹集资金的方法。日产利用这种方法不断地进行设备投资，但如果企业股价下跌，这部分公司债就必须偿还。

　　日产在1990年发行的可转换公司债的偿还期限为10年。由于泡沫

PART II　管理学的基础　　237

经济崩溃，日产的销售额和利润都减少了，股价大幅下跌。因此这些可转换公司债并没有如日产希望的那样转换成股票，为了偿还这部分债务，日产需要筹备6000亿—7000亿日元。如果日产能够从银行贷款的话，还能够渡过这个难关。但当时山一证券、日本长期信用银行破产，引发了日本的金融危机，日产的主银行日本兴业银行和富士银行受此影响也是泥菩萨过河自身难保，没有余力向日产提供贷款。因此，日产的资金周转出现困难，在这种情况下，日产向法国雷诺公司请求资金援助。

与世界第一的公司进行正面交锋的不幸

对日产来说最大的不幸莫过于必须与世界第一的汽车制造商丰田进行正面交锋。如果和GM或者福特汽车交锋的话，日产还有胜算。但是，不幸的是世界排名第一的丰田也在日本。正面交锋的结果是日产败下阵来也是情有可原。

丰田将丰田生产方式从上到下贯彻实施，在生产现场实现了卓越运营。恐怕平均每辆车的生产成本，丰田要比日产低5万—10万日元。

丰田可以将成本的差额用来奖励销售店，或者直接降低产品价格。生产成本的差额就是价格的差额。也就是说，在降价幅度上，日产没有丰田的力度大。而且汽车销售店如果缺乏激励或者利润率低的话，销售业绩就会下降。而销售能力下降又会导致销售额减少，这就形成了恶性循环。

在商品开发能力上，日产与丰田也有差距。本来丰田的强项是卡车和商用车，20世纪90年代市场对小型汽车的需求增加，丰田便以商用车为基础开发小型汽车并投入市场，而日产在小型汽车的开发上则慢了一步。

在进军海外市场的问题上，日产的中层干部都非常积极，提出了许多扩大业务的提案。但日产的高层没有对中层干部提出的建议进行集中和筛选，导致经营资源分散。日产在海外的投资规模远超丰田，而这些海外投资大部分都出现了亏损，也成为导致日产业绩恶化的原因之一。

雷诺明智的出资战略

雷诺在接受日产的资金援助请求之后，首先向日产出资5857亿日元，之后又承接了2159亿日元的新股预约权公司债，合计投入了8000亿日元，成为持股比率占36.8%（后来执行新股预约后占44.4%）的控股股东。

只要拥有超过1/3的有表决权的股份，就可以实际上掌握一家企业的经营权。雷诺按照并购教科书上的方法，取得了日产1/3以上的股权。

之后雷诺又让日产向雷诺出资2500亿日元。日本媒体认为雷诺和日产通过相互出资巩固了同盟关系，通过相互持股实现了一体化经营。但实际上这种观点大错特错，日产出资得到的是没有表决权的普通股票，对雷诺的董事会没有任何发言权。说白了，日产是将2500亿日元送给了雷诺。雷诺向日产出资8000亿日元，又要回了2500亿日元，可以说是非常精明。

雷诺在出资前进行的尽职调查，彻底调查了日产的核心实力。

雷诺决定向日产出资的第一个理由就是日产拥有世界最尖端的技

术和高质量的人力资源。日产总部位于首都圈，跳槽的人很少，而且有很多优秀的学生集中在这里。日产的技术人员非常优秀，笔者认为其工程师的水准甚至在丰田之上。

此外，日产还拥有全球化的品牌和销售网络，而且在首都圈拥有包括数百万坪（1坪=3.3平方米）土地在内的巨额资产，这些都是让雷诺决定出资的原因。

日产复兴计划是如何实现的

1999年6月，卡洛斯·戈恩就任日产的CEO，同年10月公布了日产复兴计划。

计划的内容相当有冲击力。卡洛斯·戈恩提出的短期经营目标是"在第二年度（2000）扭亏为盈；在2002年度末销售额和营业利润率达到4.5%以上，并将1兆4000亿日元的有息负债减少一半"。

在制造业，只有相当优秀的企业才能达到营业利润率4.5%这个水准。为了实现这一目标，要么增加销售额，要么降低成本，只有这两条路可走。因为当时日产难以增加销售额，所以戈恩采取的策略是削减成本。

接下来让我们看一下计划的主要措施。

第一个措施是将零部件采购价格降低20%。汽车制造商的自产比率为三成左右，七成的零部件都要从零部件制造商那里采购。当时，日产采购零部件的费用高达3兆日元，如果将这个费用削减20%的话，就可以获得6000亿日元的利润。

第二个措施是裁员。从日产集团的15万员工中削减2.1万人。当时日产的人均工资约为1500万日元，裁员后可以节省3000亿日元的人工成本。虽然在解聘员工要支付退职金，这会导致短期的人工成本有所增加，但在第二年、第三年以后，人工成本就会急剧减少。

第三个措施是关闭工厂。尽管日产在日本国内的市场份额已经跌到丰田的一半以下，但在这一过程中，日产只关闭了座间工厂，生产设备的规模和峰值时期几乎没有任何变化。戈恩决定关闭村山工厂（东京都武藏村山市）、京都工厂等共计5个主要工厂并将其出售。村山工厂占地约40万坪，每坪价值大约20万日元。通过出售这些闲置资产，大概可以得到数千亿日元的现金。

第四个措施是出售关联企业的股票。日本的汽车制造商和零件制造商相互持有对方股票，组成关联企业。相互之间进行技术交流和人员交流，作为一个集团来降低生产成本，实现技术革新。这也是日本企业的优势所在。但戈恩打破了这一传统，除了他认为对日产极为重要的四家关联企业之外，将其他关联企业的股票全部出售。这也导致现在日产没有关联企业。

图表12-2 戈恩于1999年公布的日产复兴计划

短期经营目标	▪ 2000年度扭亏为盈 ▪ 2002年度营业利润达到4.5%以上 ▪ 在2002年年末让有息负债减半，1.4兆日元→0.7兆日元
主要措施	▪ 削减20%的成本，将供应商的数字减半 ▪ 从日产集团的15万员工中裁员2.1万人 ▪ 关闭并出售5个工厂，让闲置资产变现 ▪ 出售非核心资产，让闲置资产变现 　（出售关联企业的股票）

PART II 管理学的基础 241

通过巧妙的"表演"创造出的戈恩神话

戈恩就任 CEO 是在2000年6月份。而在2003年3月期的决算中，日产的当期利润就蹿升至3300亿日元。其实，这个数据是有水分的。这是故意营造出戈恩走马上任后使日产出现翻天覆地变化的早已安排好的剧本。

上一个年度出现接近7000亿日元的亏损，在第二年就实现3300多亿日元的盈利，一般来说是不可能的。

懂会计的人一下就能看出来。日产很有可能是在2000年3月期将本来应该计入下一年度资产的研发费用等负资产全部计入本年度并算作成本。因为当时日产累计亏损，没有必要支付税金，所以税务机构对这种操作也没有深究。通过这一会计处理，日产上演了一出"起死回生"的好戏。

图表12-3 日产汽车的长期业绩推移（当期利润）

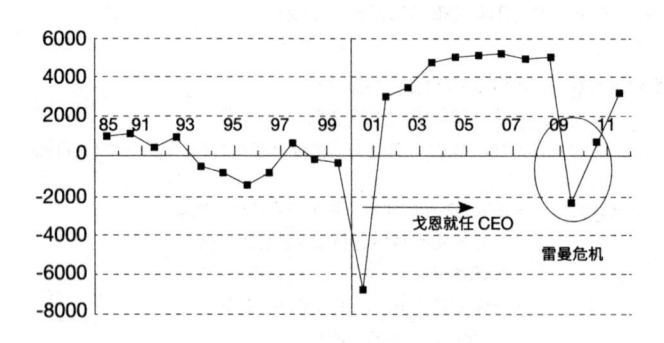

单位：亿日元

之所以要这样做，是因为戈恩需要给日产的员工和日本社会留下自己是日产救世主的印象。"起死回生"的好戏上演之后，戈恩在日产成功地树立起了光辉的形象。每当戈恩去工厂视察的时候，员工们都对其表示热烈欢迎，甚至有员工排着队让他在自己的 T 恤上签名。

要想裁员和出售工厂，必须得到员工们的支持。戈恩关闭并出售村山工厂使得大量的员工丢了饭碗。如果得不到员工们的支持，是做不到这一点的，而且会受到日本社会的批判和谴责。戈恩为了把自己塑造成一个英雄的形象，才有意识地演出了上面那场好戏。

而且运气也站在戈恩这一边。在他走马上任之后，日元就开始贬值，1美元可以兑换120日元以上。日产的当期利润之所以能够达到3000亿—4000亿日元，与日元贬值也有着直接的关系，但这也为戈恩的功绩锦上添花。能够给公司带来好运或许也可以说是经营者必备的能力。

当然，戈恩的确是一位实力派经营者。但在"起死回生"的好戏背后，也有着安排好的剧本和运气。

难以狠心做出决策的原经营层

为什么戈恩能够使日产起死回生，而日产原来的经营层却束手无策呢？

戈恩之所以能够关闭并出售三个主要工厂，并实行裁员措施，是因为他对这些工厂和员工没有任何留恋之情。

日产的历代社长要么当过工厂长，要么与生产现场有过密切的接触，因此很难站在第三者的立场上客观地看待工厂的问题。他们对工

PART II　管理学的基础　　243

厂有很深的感情和回忆，"当年我曾和现场的系长彻夜喝过酒""员工们好不容易才生产出新车"，所以他们狠不下心关闭并出售工厂，感觉这样做与和家里人断绝关系无异。

笔者曾在座间工厂实习过，也在村山工厂做过人事的工作。如今这两个工厂都关闭了。笔者曾经在那两个工厂度过了自己的青春岁月，直到今天还对这两个工厂被关闭一事感到遗憾和难过。生产企业的人，都会对关闭工厂在心理上有抵触情绪。因此，日产的历代社长很难做出这样的决定。

戈恩还将零部件的采购价格下调了两成，这也是原经营层做不到的。如果将零部件售价下调两成，那些长年合作的零部件制造商可能会因此而倒闭。日产的员工们都会这么想，但戈恩却提出了这一要求。

实际上只用了一年半的时间，几乎所有的零部件制造商都将价格下调了两成。如果想要降低两成成本，按照原来的做法是不可能实现的。必须采取创新的方法，比如用铸件方式一次性制作原来需要用三个零件组装的零部件，用塑料替代金属材料等。企业到了生死关头，总会想出各种各样的创意，几乎所有的零件制造商都成功地削减了成本。戈恩在节约成本的措施上取得了完胜。

之后，戈恩决定不再生产对收益贡献小的车型，做出这个决断也需要很大的勇气。

销售负责人提出"我们的竞争对手有这个车型，如果我们不生产这个车型的话，会在种类上输给对方"。如果戈恩听取销售部门的意见，继续生产这款车型，那么车型会不断增加，结果导致平均每个车型的销量减少。戈恩果断地停止生产销路不好的车型，将精力和经营资源集中在销路好的车型上。通过这一措施，日产的库存大幅度减少。

戈恩还决定减少汽车的颜色种类，彻底贯彻满足顾客需求，控制车型种类的方针。

戈恩还对连年亏损的欧洲分公司进行了彻底的重组。欧洲日产的总部位于阿姆斯特丹国际机场附近一个总高十二层的非常漂亮的写字楼里。日产的员工到欧洲出差时，必然会到那里参观。这是一个能够让人切实感觉到"日产在欧洲也在努力开展业务"的地方。但戈恩连这个地方都卖了。

不仅如此，戈恩还大幅度削减了一直以来被认为是"没有这个销售店就活不下去"的销售奖励等激励金。

戈恩之前与日产没有任何牵绊，即便削减成本也感觉不到任何精神上的痛苦，这就是他的优势。

经营的核心能力不足

日产原经营层的问题点用一句话来概括，就是缺乏企业经营的核心能力，具体来说包括以下六点：

第一，缺乏"经营战略的立案与展开"能力。

第二，对"市场营销管理"的理解不充分。德鲁克曾经说过，事业的目的是创造顾客。只有提供有价值的产品和服务才能创造顾客，但日产原来的经营层并没有理解这一市场营销管理的本质。

第三，对"损益表、资产负债表以及现金流缺乏深入的理解"，没有"制定事业战略的逻辑和方法论"。原经营层没有现金流经营的概念，完全在按照损益表进行经营。按照损益表来进行经营的话，只要有销售合同，即便没有现金入账也可以算作有了销售额。而实际上的资金周转和记录在损益表上的数字完全是两回事,企业经营的基础应该是现金流。

另外,原经营层中即便是负责会计的干部也没有理解资产负债表的本质。座间工厂占地面积多达50坪,每坪土地的单价为40万—50万日元。笔者担任财务科长时,按当时的价格来计算,座间工厂的总资产周转率仅为0.2左右,而有的生产企业的总资产周转率超过1.0。

通过账面价格制作的资产负债表只不过是纸上谈兵而已,应该用时价的资产负债表来思考经营效率。如果通过时价计算得知总资产周转率只有0.2的话,可以采取把座间工厂改建为半导体工厂,出租给大型电机制造商,或者改建成住宅小区,将汽车工厂迁至地价便宜的地区等措施。也就是说,日产原来的高层虽然了解一些会计、财务、簿记之类的知识,却没能从经营的层面理解资产负债表的深层含义。

第四,"分别制定短期、中期、长期的经营战略并付诸实施的能力"。日本的经营者经常命令部下"拿出个方案来,然后以此为基础进行讨论"。也就是说,在部下拿出方案之前,经营者本人什么也不考虑。当部下提出方案之后,经营者才针对方案的内容提出各种各样的问题。然而,对企业经营者来说最重要的是在要求部下制定方案时,自己也应该事先准备一套方案。否则,即便部下提出了方案,经营者对这个方案也做不出恰如其分的评价。

第五和第六分别是"对组织与人才进行管理"和"组织运营"的能力。也就是说,必须拥有动员组织和人力实现目标的核心能力,其中也包括行动科学和心理学的理论。

上述六个核心能力,都是能在商学院学到的知识,也是经营者必须具备的条件。

戈恩的六个卓越能力

戈恩与日产原经营层之间的差距，不止体现在上述核心能力上。从经营者必备的其他能力上来看，也有很多戈恩具备而原经营层不具备的能力。总体来说，主要表现在以下六个方面。

1. 前文中提到过的"管理必不可少的核心能力"。

2. "身为经营者的责任感以及强大的领导能力"。这是在商学院学不到的，必须改变自己日常的生活方式和思维方式。

3. "自己制定经营战略和目标的能力"。这是在复杂的经营状况中建立假设的能力，然后只要对假设是否正确进行验证即可。

4. "重新分配经营资源时，克服一切障碍，敢于承担风险，开拓未来的魄力和意志力"。现在市场需求不断扩大的领域很少，所以不能采取全方位经营的战略，而是应该在某一个擅长的领域集中经营资源。但在对人才和资金等经营资源进行重新分配的时候，会遇到很多问题和矛盾。经营者必须敢于承担风险，克服一切困难，展现出自己的魄力和意志力。

5. "人才管理能力"。经营不是一个人的工作，必须将工作任务安排给部下去执行。在这个时候，部下是主动工作还是被动工作，最终的结果完全不同。如果不能激发出员工的潜在能力，就难以取得理想的结果。在书本上是学不到人才管理能力的，必须通过实践来进行锻炼。

6. "让各个部门按照自己制定的计划行动的能力"。

图表12-4 戈恩具备的能力（日产原经营层欠缺的能力）

> 1. 管理必不可少的核心能力
>   （经营战略、市场营销、会计、财务、组织运营等）
> 2. 身为经营者的责任感以及强大的领导能力
> 3. 自己制定经营战略和目标的能力
> 4. 重新分配经营资源时，克服一切障碍，敢于承担风险，开拓未来的魄力和意志力
> 5. 人才管理能力
>   （让经营者制定的方针和各部门经理制定的行动计划取得一致的能力→运营阶段不可或缺的要素）
> 6. 不轻易妥协，让各个部门按照自己制定的计划行动的能力

戈恩在采取削减成本和出售资产等措施之前，先建立了自己的假设。但如果他自上而下强行采取措施，很容易遭到现场的反对。戈恩的高明之处在于，他让现场的部长和课长们认为是在"执行自己想出的计划"。

比如将零部件的采购价格下调20%时，他是这样做的。如果直接要求采购负责人"降低20%采购价格"，对方肯定会反驳说"不可能下调20%，那样供应商会破产的"。而且有的零件生产企业的社长可能是采购负责人的原上司，导致采购负责人根本无法提出降价的要求。于是戈恩首先让采购负责人了解企业当前的经营状况，然后对他说"只降低10%的成本是不够的，你想办法将成本降低20%"。经过几个来回的交涉后，采购负责人就会提出降低20%的计划。等对方提出方案后，戈恩就会说"好，就按你说的办"，给对方予以支持和鼓励。

因为这是采购负责人冥思苦想才提出的方案，所以他一点也不会觉得这是戈恩强加给自己的任务。结果，即便戈恩所有的计划都得到

了执行,但现场的员工却完全没有被强迫的感觉。这正是让各个部门按照自己制定的计划行动的人才管理能力。

这种让经营者制定的方针和各部门经理制定的行动计划取得一致的能力是运营阶段不可或缺的要素。

没能够发挥现场和中层干部的优势

戈恩上任之前,日产越往组织的下层走,员工的能力越高,中层管理和现场员工的能力都很强。不仅是日产如此,整个日本企业都是如此。日本企业的中层管理工作积极性很高,专业知识和实际业务能力都很强,而公司高层的管理能力则很弱。在这方面,日产甚至比日本企业的整体平均水平还要明显。如图表12-5左侧所示,呈现出酒壶的形状。

图表12-5 现场很强但高层很弱的日产

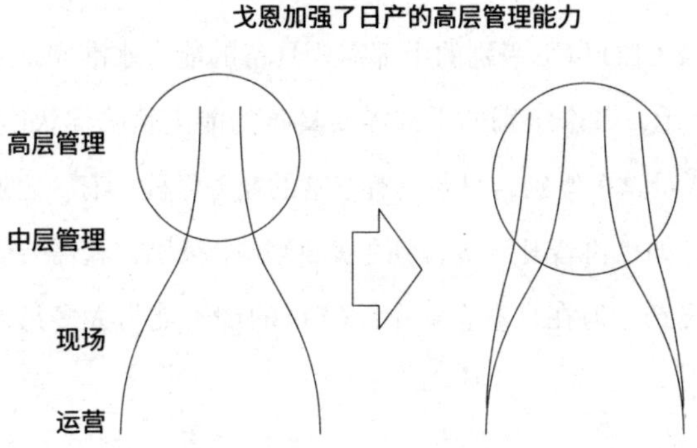

但在戈恩上任之后，日产组织上的弱点得到了改正，如图表12-5右侧所示，高层管理能力加强。

那么戈恩在日本以外的地方也获得了成功吗？遗憾的是并非如此。戈恩在成功重建日产之后，也成为雷诺的CEO。但雷诺的业绩并不好，雷诺一半以上的利润来自日产的分红。在合并决算中，雷诺拥有日产44%的股票，所以日产利润的44%被算作是雷诺的利润。

雷诺之所以经营不顺利是因为现场员工的综合实力比较弱。雷诺有四个工会，对于提高生产效率的措施采取不合作的态度。现场员工的态度很明确"如果生产效率提高了，工会成员就会减少，伙伴们就会减少，所以不能赞同"。

据日产的员工说，"戈恩一去法国就心情郁闷，一回到日本就精神起来"，这个传闻大概是真的。可以说日产和戈恩属于最理想的组合。像雷诺那样现场能力较弱的企业，就算高层再有能力也没用。

社长需要拥有远超高级干部的能力

CEO及CEO以下级别的干部需要具备的能力水准完全不同。如图表12-6所示，各个级别的干部需要具备的能力呈阶梯状逐渐增高。到董事会成员这个级别，只要具有丰富的业务经验，有一定能力就能胜任，但是如果再晋升一级，到了CEO这个级别，就需要能力水平有很大的飞跃。但在日本企业中，CEO的经营能力大多只比部长稍微强一点。

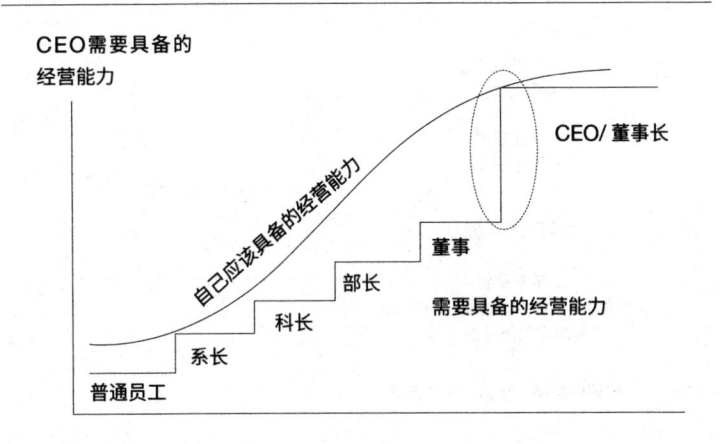

图表12-6 要想成为 CEO 需要极大地提高经营能力

那么，如何避免出现这种情况呢？答案是"如果想成为企业的CEO，平时就要努力提高自己的经营能力"。没有这种心理准备的话，一旦成为 CEO，就会发现自己的实际能力和需求能力之间存在很大的差距。

图表12-7（见下一页）是经营能力整体印象的金字塔。经营能力并非一朝一夕就能够掌握的。笔者认为要想掌握经营能力，需要每天努力，不断积累，至少需要花20多年的时间。

经营能力最基本的要求就是体力。每天早晨精力充沛地起床，每天晚上5分钟内就能入睡。保持健康的身体和生活方式，是提高经营能力的基本要求。

其次是要有道德观念和构筑愿景的能力。如果不能公平处事，就无法得到部下的尊敬。公平处事也并非能在短时间内做到的，需要在日常生活中不断地提高自己的修养。

图表12-7 经营能力的整体印象

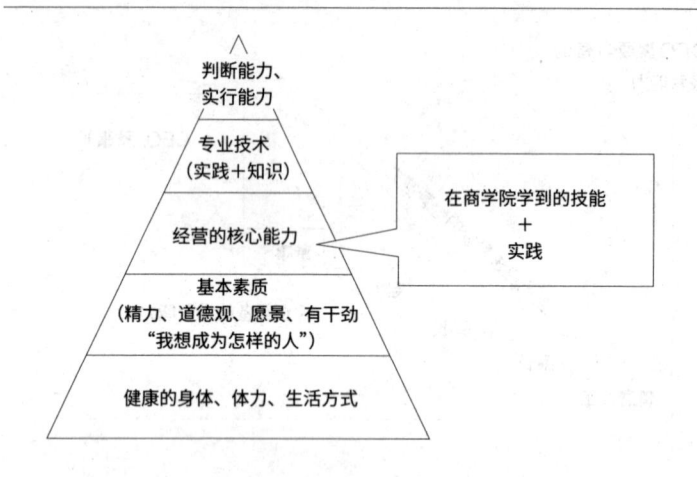

金字塔层级（从上到下）：
- 判断能力、实行能力
- 专业技术（实践＋知识）
- 经营的核心能力
- 基本素质（精力、道德观、愿景、有干劲 "我想成为怎样的人"）
- 健康的身体、体力、生活方式

其中"专业技术"与"经营的核心能力"对应：在商学院学到的技能 ＋ 实践

检验自己的道德水平其实很简单。只要想一想自己是否能够将自己现在做的事情毫不隐瞒地介绍给自己的妻子（或者丈夫）和儿女就好。比如，工作中可能会有人向你行贿。在这个时候，你需要想一想"如果女儿知道这件事的话她会怎么想"，这样你就能及时地悬崖勒马。

金字塔的第三层是前面提到过的经营的核心能力。这些知识是可以在商学院学到的，但仅靠学习而不实践也无法真正掌握。因此从商学院毕业只是一个开始，必须养成在实践中不断应用基本的经营能力开展工作的习惯。

在实际的经营中，有设计、开发、资金筹集、市场营销等各自领域的专业技能。要在通过实际业务掌握这些专业技能的基础上，磨炼自己的经营能力、判断能力以及执行能力。

实施战略比制定战略更困难

对企业经营者来说,不可或缺的能力有八个,如图表12-8所示。其中特别重要的是第五条,也就是把握情况的能力。身为经营者仅凭从部下那里获得的信息,是经营不下去的,所以把握现场情况的能力必不可少。为了做到这一点,必须建立自主收集信息的渠道,经常了解现场的情况,并且对各种经营数据进行综合检查。

第六条"坚强的信念和强大的执行能力"也非常重要。不要以命令的口吻对部下说"去做",而是要按照制定计划、执行、观察、验证(PDSC)的步骤,让这个过程循环起来。

图表12-8 经营者不可或缺的能力

1. 具有构筑实现目标的假设的能力,经营者需要先拥有自己的假设,然后对部下的提案进行评价
2. 对经营有很强的责任感和决策能力
3. 对经营有全面的了解(什么是必要的……7s 等)
4. 人才评价与活用的能力
   ①发现组织中的核心人才,将人才组织起来
   ②让人才赞同自己的计划
   ③做到人尽其才,让人才制定优秀的方案
   ④让人才以为是在执行自己的提案
5. 把握状况的能力(现场正在发生什么)
6. 坚强的信念和强大的执行能力(PDSC)
7. 客观看待自己的能力(认识到自己的弱点)、建立团队来加强并完善的能力
8. 人格魅力(公正、公平、道德观)

如果戈恩对员工说"大家想办法把成本降下来,两周后将结果告诉我",那么员工必然会在两周后去找戈恩汇报结果。因为如果不去的话就会受到惩罚。戈恩对自己提出的要求,一定会跟踪到底,并且对不服从命令的员工给予惩罚。这样一来,员工们的执行力自然就提高了。

笔者在日产工作时,当时的社长对我说"法木,你把这件事办一下",但即便我不做,社长也不来催促。这种事情连着发生两三次之后,员工自然会认为"即便有命令也可以不执行",对企业里的一切事情都敷衍了事。

"责任感"是戈恩的口头禅。如果戈恩下了命令,除非部下说"这个我做不了",否则只要部下答应下来,戈恩绝对会让部下履行自己的承诺。对经营者来说,这个信念是必不可少的。很多经营者都说战略很重要,但是具体执行比制定战略更困难,经营者必须具备将经营战略付诸实施的能力。

本田宗一郎和藤泽武夫

经营战略固然重要,但只有经营战略是没有意义的,还必须有将战略实现的体制。应该组建怎样的研发和采购部门,如何最大限度地发挥海外据点的作用,在什么地方进行研究开发,这些组织结构上的问题都必须解决。此外,与之对应的人事考核、人事调动、全球化人事制度等相关系统也必不可少。

以什么样的形式来支付在海外工作的员工的薪酬也是一个需要认真思考的问题。虽然这个问题看起来很小,但是非常重要。是将日本国内规定的薪酬标准换算成当地的购买力标准以当地货币来支付,还是用日元来支付?要想解决这些问题,需要建立起非常严谨的人事和薪酬制度。

此外,企业还需要获得新技术。比如计划研发电动汽车的话,必须掌握生产充电电池的技术。为了实现这个目标有各种各样的选择,比如企业并购,在企业内部培养相关技术人员,或者通过猎头公司招募研发主力。不管采取上述哪一种措施,经营者都必须决定让谁来负责这一项工作。

另外,经营者还需要让员工们形成统一的价值观。

上述要素必须被有机地结合到一起,经营才能顺利运转。理解这一点对经营者来说至关重要。即便经营者对每个系统的创建方法并不了解也没关系,但对经营整体的了解是必不可少的。

为此,经营者必须能够客观地评价自己的能力。在执行经营战略的时候,经营者要思考在企业经营中需要做什么、自己能做什么、不能做什么,这一点非常重要。

本田在1963年才开始生产汽车(日产在1933年就开始生产),即便晚了几十年进入汽车这个壁垒较高的行业,本田仍然迅速地赶超了日产(但现在日产又反超了本田)。

本田的创始人本田宗一郎虽然拥有商品开发能力、技术能力和敏感的经营嗅觉,但商学院教授的核心能力一个也没有。而弥补本田宗一郎这一缺陷的则是副社长藤泽武夫。本田独具慧眼地发现了藤泽这个人才,于是两个人成了搭档。

经营者即便欠缺部分能力也不要紧,重要的是经营者能够客观地看待自己,明白自己能做什么,不能做什么。本田宗一郎的高明之处在于理解经营者的必要条件是什么，能够清醒地认识到自己也有不足之处，而且他还具有慧眼识才的能力和用人不疑的度量。

如何培养经营能力？

那么，致力于成为经营者的人，要如何培养自己的经营能力呢？

首先笔者建议大家来商学院学习。笔者再强调一遍，在商学院能够系统地学习到经营的核心能力。这也是成为经营者的必要条件。然后，在实际进行商业活动的过程中，以经营者的思维方式，积极采取行动，这样就满足了成为经营者的充分条件。希望读者们能够牢记这一点，通过在企业中的经营活动积累经验和阅历。

或许有人认为即便在商学院学习了核心能力，也不能在一般的日本企业应用。的确，日本企业普遍认为"商学院的毕业生是书呆子""MBA对现场的实际业务没有任何作用"。

既然如此，我们就更应该用自己的实力来颠覆日本企业的这一错误认识。上司分配的任务要百分之百完成，用实际行动堵住"书呆子""不能踏踏实实做工作"的批判。在此基础上向上司提出改革方案，这样更容易被上司采纳。如果上司不采纳的话，可以要求更换岗位，如果再不行可以考虑跳槽。可以做出的选择有很多。

如果没有这样的挑战态度，就会像一直以来的日本企业员工那样，慢慢地遭到淘汰。我们要心怀大志，相信自己总有一天会走上管理岗位，而且不仅要达到公司对我们能力的要求，还要不断提高自己的能力，超过这一要求。

经营者的能力也要与时俱进。现在日本企业的经营者大体上都是60岁左右，经历过日本经济高速发展的时期的。那时日本的经济增长率保持在7%—8%，企业的各个部门可以开足马力，如果经营资源出现了短缺，就进行补充。只要不断重复这一过程，企业就会发展下去。可以说是部分最优的集合体，属于追加资源投入型的经营模式，也属于调整型的经营模式。

但日本国内市场需求这块蛋糕是有限的，为了发展必须向国外扩展市场。站在全球化的视角来看，在经营战略上就必须进行选择和集中。如果日本企业仍然进行全方位的消耗战，经营资源就会枯竭。经营者必须有整体最优的意识。在这种情况下，就不能采用调整型的经营模式，而是需要经营者思考如何重新分配经营资源，做出决策，开拓未来。这对经营者的能力有很高的要求。

图表12-9 如何加强经营能力

```
1. 在商学院掌握核心能力。
2. 即便规模再小也要参与SBU（战略营业单位）和子公司的经营。
a. 尽量从事经营者的工作。
b. 国外子公司的管理岗位是最好的选择；
   因为总部鞭长莫及，有助于培养决策能力。
   日本人不愿意去的地方最好。
3. 最好做新上马项目的负责人或二把手。
4. 如果是负责处理日常业务的话，要积极采取改革、改善措施，
   以及改善日常业务即项目管理。
```

经营者为了提高这一能力，必须在实际业务中进行训练，即便所在的企业或者部门规模再小也不要紧。通过在这里做管理工作，锻炼自己的经营能力非常重要。如果企业要新上马项目的话，要毛遂自荐，主动挑战。如果这项业务属于常规性的工作，就向领导提议合理的新办法，对业务进行改善。这样一来，就能够培养自己"plan, do, see"（计划、执行、观察）的能力。不能够只是等待别人发出指示，而是要自己做主。

首先可以从管理5—10人的团队开始，学习对人员、物资、资金、信息、技术以及时间的管理。如果想成为经营者，就要尽早从事这类管理工作。如果到了35岁以后还是一个部下也没有的话，就难以掌握人才管理的能力。有雄心壮志成为经营者的人应该向企业主动申请成立子公司或者SBU（Strategic Business Unit, 战略业务单位）。如果可能的话，去国外的子公司要比国内的子公司更好一些。如果人在国外，因时差问题企业总部不会给你下指示，所以很多事情必须自己做主。

1992年4月29日，美国洛杉矶发生暴动。当时，笔者正是美国子公司的负责人。因为时差问题，没有得到公司总部的指示。笔者让所有的员工都回家，而自己则一个人一直到最后都留在了公司。因为笔者坚信"子公司就是一条船，船长要和船一起沉没"。因为在海外经常要自己做出决断应对危机，所以能够锻炼人的胆识和气量。

Stay Hungry　Stay Foolish

大家将来都希望能够成为企业的经营者，笔者希望大家不要拘泥于常识，能够走在时代的前面，勇往直前。走在时代前面的人经常会被周围的人说"这家伙有勇无谋""这家伙脑子没毛病吧"。用英语来说就是"foolish"。

乐天的三木谷浩史社长原来是日本兴业银行的精英，一路升迁很快。在哈佛商学院毕业后，三木谷浩史回到日本，辞去银行的工作，白手起家开始创业。当时日本的精英们都认为三木谷浩史的这种做法是愚蠢的。

乐天规定在公司内部使用英语做公用语言。如果是在全球开展业务的制造商的话，这一措施还能理解。而乐天现在只不过是主要在日本国内开展业务的电商公司而已，把英语当作公司内的公用语言，这种做法也很愚蠢。

2005年6月，史蒂夫·乔布斯在斯坦福大学毕业典礼上讲话，说了一句"Stay Hungry Stay Foolish，我好想一直这样"。其中"Stay"的意思是"一直处于某种状态"，也就是"一直充满渴望是至关重要的"，这句话不能理解成"Be Hungry Be Foolish"。

在工作中走在时代前列的人在旁观者看来是愚蠢的。然而，真正愚蠢的其实是这些旁观者。如果员工对上司说"我想到商学院去进修"，上司可能会反对说"去那种地方只会变成书呆子"。即便如此，员工还是去商学院进修了。周围的人大概都会说这个员工很愚蠢吧，但其实愚蠢的是这些人。

不管周围人说什么，我们都要有先见之明，做好培养自己经营能力的准备。将来想当经营者的人，就要Stay Foolish，大胆地迈出这一步。不要拘泥于常识，认真制定自己的愿景，将其作为职业生涯的指导思想，为成为经营者迈出第一步。

有人主张把工作和私生活分开，这是不可能的。经营者要把全部身心投入工作中，这一点至关重要。史蒂夫·乔布斯的薪酬仅为1美元，对史蒂夫·乔布斯来说，赚钱不是目的。有志成为经营者的人要像史蒂夫·乔布斯那样，通过工作来实现自我价值，要有为工作献身的精神，否则在全球化进程日益加剧的情况下，是无法让企业发展下去的。

图表12-10 Stay Hungry　Stay Foolish

- 持续提出更高的目标和愿景
- 仅仅完成被分配的工作只能算优秀员工，而不是优秀的经营者
- 坚持向具有挑战性的目标努力（Stay Hungry），这样的人有时候在一般人眼中是愚蠢（Foolish）的

有志成为经营者的人首先要从改善日常工作方式开始。比如自己是科长，就要提出本部门的愿景，并落实到战略和运营上。要想成为企业的经营者，需要具备比董事会成员高几个档次的能力。要从当组长、科长时期就坚持向具有挑战性的目标努力，也就是"Stay Hungry Stay Foolish"。

致谢

本书是应早稻田大学商学院（WBS）的毕业生和在校生们的要求而诞生的。

为了向东日本大地震的灾民们伸出援助之手，我们能做些什么？在地震发生一个月后，早稻田大学商学院内田讲座班的毕业生们和在校生们开始行动起来，打算通过培养日本所需要的人才，来支持灾区的重建工作，并将这次活动命名为"通过学习支援重建"。早稻田大学商学院的教授们开始制定"MBA精华课程"慈善讲座计划，于当年夏天开始，为期半年，举办了10次讲座。

基于上述原因，讲座的内容旨在让听讲座的人学到商务精英不可或缺的核心能力，在企业经营中如何养成战略思维习惯；要在不同行业、国外开展成功的业务，该怎么做；对负责管理的人才有什么要求。早稻田大学商学院的MBA精华课程是仅凭在公司内积累的实务经验学不到的，这个系列讲座每次120分钟，是个浓缩版。本书就是在以上述系列讲座为基础，并追加了其他讲座的讲义原稿的基础上而编著的。

来听慈善讲座系列的听众共计14000人，盛况空前。每次向每个听讲者收取5000日元听讲费，这些钱都捐给了灾区。在这里对参加讲座的各位表示由衷的感谢。毕业生、在校生，特别是此次活动的核心成员西田岳、冈井敏、增田明子、志贺祐介、内藤诗乃等人为企划运营这次慈善讲座做出了重大贡献。在这里对他们表示衷心的感谢。

最后，向举办讲座并执笔本书的早稻田大学商学院的教授们表示由衷的感谢。

内田和成

作者简介

内田和成

早稻田大学商学院教授

毕业于东京大学工学部,庆应大学研究生院经营管理研究科(MBA)。曾供职日本航空公司、波士顿咨询公司(BCG)。从2000年6月至2004年12月任波士顿咨询公司(BCG)日本办事处负责人。2006年开始任早稻田大学商学院教授。

远藤功

早稻田大学商学院教授

毕业于早稻田大学商学部,美国波士顿学院经营学硕士学位(MBA)。曾在三菱电机、美国战略咨询公司、罗兰德贝尔加日本法人供职,曾任CEO,现在是董事长。从2003年开始在早稻田大学研究生院执教。良品计划社独立董事,中国长江商学院客座教授。

太田正孝

早稻田大学商学学术院教授(兼任早稻田大学商学院教授)

毕业于早稻田大学第一商学部,早稻田大学研究生院商学研究科博士前期课程。早稻田大学研究生院商学研究科博士后期课程学分修完后肄业。商学博士。早稻田大学商学部副教授,1994年开始任教授。1999年至2001年麻省理工学院斯露恩学院客座研究员,早稻田大学亚洲服务商务研究所所长。

大泷令嗣

早稻田大学商学院教授

毕业于日本东北大学工学部、加利福尼亚大学电子工学科博士课程,工学博士。曾供职东芝、海怡咨询公司、马萨日本公司CEO、海怡咨询公司亚洲地区代表。从2006年开始在早稻田大学商学院执教。

木村达也

早稻田大学商学院教授

毕业于早稻田大学商学部,英国兰卡斯特大学研究生院(MBA),学术博士学位。曾供职广告公司、外资航空公司、耗材制造商品牌部经理、产品部门经理,后任现职。早稻田大学市场营销战略研究所所长。

杉浦正和

早稻田大学商学院教授

毕业于京都大学文学部、斯坦福大学研究生院。曾供职于日产汽车公司、佩音咨询公司、马萨咨询公司、欧美金融机构人事部(花旗银行、施罗德)。从2004年开始在早稻田大学执教,2008年开始任现职。

西山茂

早稻田大学商学院教授

毕业于早稻田大学政治经济系、宾夕法尼亚大学沃顿研究生院经营学博士课程(MBA)、学术博士。曾任公认会计师、监察法人托马茨,从2002年开始在早稻田大学研究生院执教。

根来龙之

早稻田大学商学院教授

毕业于京都大学文学部、庆应大学研究生院经营管理研究科(MBA)、曾任职钢铁制造商、英国哈尔大学客座研究员、文教大学。2001年开始任现职。早稻田大学 IT 战略研究所所长。

法木秀雄

早稻田大学商学院教授

毕业于一桥大学经济系。曾任职日产汽车公司。斯坦福大学研究生院斯露恩硕士课程(MBA)毕业。日产汽车公司北美公司副总裁、BMW 日本董事会成员、克莱斯勒日本公司总裁。2003年开始任现职。

守口刚

早稻田大学商学学术院教授（兼任商学院教授）
毕业于早稻田大学政治经济系、东京工业大学研究生院博士课程理工学研究科经营工学专业。工学博士。曾任立教大学社会学部产业关系学科教授，2005年开始任现职。

山田英夫

早稻田大学商学院教授
毕业于庆应大学文学部、庆应大学研究生院经营管理研究科（MBA）。曾供职三菱综合研究所，后任现职。学术博士。历任阿斯特拉斯制药公司、NEC独立董事。

出版说明

"早稻田 MBA 系列"丛书以早稻田大学开设多年的经典商业课程为蓝本，经多位授课教授整理、归纳、完善，旨在通过系统的讲解和来自大厂一线的案例，帮助读者立竿见影地提高业务能力。

众所周知，引进版图书的出版周期长，因为审批和翻译都需要较长时间。这就要求引进版图书的内容具备跨越时间的经典性，实际上这也是大多数出版方一直以来的思路。

显然，该丛书也具备这一特质。早稻田 MBA 商业课程多年来一直是该校商学院人气和口碑双优的经典课程；授课老师经验丰富、解读深入浅出，且都参与了丛书的撰写工作；丛书中所引案例皆为著名公司的真实案例，这也为丛书中的理论和方法提供了实际的参考。其中部分案例来自最早开课时的讲授内容，因其代表性且涉及内容不受时间影响，故保留，似乎也可作为该丛书略具经典性的佐证。

此外，因为原课程是日语课程，作者团队也是日文写作，所以原书中的许多表述和案例多采用日语读者的立场。对此，在译、编过程中，我们进行了部分优化，在不影响原意的前提下淡化了语言、文化的差异；仍有部分内容修改后或表述差异过大或导致阅读难度增加，经对比后保留原表述方式。请读者朋友在阅读时注意。